악과 고통,
그리고 시련의 문제

국립중앙도서관 출판예정도서목록(CIP)

악과 고통, 그리고 시련의 문제 / 지은이: 이종수. -- [서울
] : 형제들의 집, 2015
    p. ;   cm

참고문헌 수록
ISBN 978-89-93141-76-4 03230 : ₩9000

변신론[辯神論]

231.18-KDC6
231.8-DDC23   CIP2015029829

악과 고통,
그리고 시련의 문제

이 종 수 지음

형제들의 집

차 례

지은이 서문.. 6
제 1부 악의 문제, 고통의 문제
서 론.. 13

제 1장 악의 존재는 과연 하나님이 존재하지 않는다는 증거인가?
1. 악의 존재... 17
　1) 자연적인 악
　2) 도덕적인 악

2. 악, 고통, 그리고 하나님과의 관계.................... 33
　1) 악과 고통에 대한 네 가지 사실
　2) 하나님에 대한 여섯 가지 사실

제 2장 고통의 참된 의미................................... 39
1. 악에서 선을 끌어내시는 하나님
2. 고통을 영광으로 바꾸시는 하나님
3. 고통을 통해 가치를 높이시는 하나님
4. 고통을 도구로 사용해서 잠재성을 개발하시는 하나님

제 3장 악과 고통과 시련, 그리고 로마서 7장........ 59
1. 로마서 7장의 이해
2. 로마서 7장 상태에 있다는 의미
3. 깨어짐과 영적 해방
4. 위대함으로의 초대

결 론.. 85

참고문헌.. 88

제 2부 시련의 가치
부제: 하나님이 시련을 허락하시는 9가지 이유...................... 93
 1. 하나님의 영광을 위하여
 2. 우리의 유익을 위하여
 3. 하나님 은혜의 충분성을 입증하기 위하여
 4. 다른 사람을 마음으로 공감하게 하기 위하여
 5. 그리스도와 함께 다스릴 수 있는 자질을 갖추도록 하기
    위하여
 6. 하나님이 우리를 사랑하시는 증거로서
 7. 우리로 기도하도록 하기 위하여
 8. 위안을 얻도록 우리를 하나님의 말씀으로 이끄시기
    위하여
 9. 믿음을 시험하고 연단하기 위하여
결론: 시련에 대한 우리의 태도

지은이 서문

고통의 불꽃 가운데 있는
이 세상의 욥들을 위한 메시지

인간이 겪을 수 있는 가장 큰 고난, 고통, 그리고 시련을 기록하고 있는 욥기에서는 "인생은 고난을 위하여 났나니 불티가 위로 날음 같으니라"(욥 5:7)는 외침이 쟁쟁하게 울려 퍼지고 있다. 우리 가운데 어느 누구도 고난과 시련에서 제외되지 않았으며, 제외될 수도 없다. 그래서 인생이 당하는 고통과 시련의 문제는 진정 하나님이 계신가? 만일 하나님이 계신데도 여전히 악과 고통과 시련이 있다는 것은 하나님이 선하지 않다는 증거가 아닌가? 라는 의구심과 함께 몸을 떨게 만든다.

이유를 알 수 없는 고통과 시련을 아직까지 한 번도 겪어보지 않은 사람은 이러한 의문과 의구심을 불신앙으로 매도할지 모른다. 하지만 감당할 수 없는 고난과 시련의 폭풍의 매몰찬 위력 앞에 속수무책으로 휘둘려본 사람은 고통과 시련이 가져오는 엄청난 파괴력을 알고 있다.

이러한 악과 고통과 시련의 문제는 신앙심이 깊은 사람에게도 예외는 아니다. 구약성경은 어찌 보면 평범한 인물들이 고난과 시련을 통해서 위대한 신앙 인물로 변화된 이야기들의 모음집이라 할 수 있다. 아브라함, 이삭, 야곱, 요셉, 모세, 그리고 다윗의 삶을 생각해보라. 이러한 위대한 신앙 인물들은 예외 없이 고난과 고통과 시련을 통과해서 정금 같은 신앙을 가진 사람들로 변화된 사람들이었다. 심지어 마담 귀용, 파니 크로스비, 에이미 카마이클, 조지 매더슨 등도 무능력, 병약함과 고통의 세월을 탄식하며 보냈으나, "고난당한 것이 내게 유익이라 이로 인하여 내가 주의 율례를 배우게 되었나이다 … 주의 손이 나를 만들고 세우셨사오니"(시 119:71-73)라는 놀라운 간증을 하는 것을 볼 수 있다.

이 책은 영문 모르는 고통의 불꽃 가운데 있는 이 세상의 욥들을 위한 메시지를 담고 있다. 제1부는 악과 고통의 문제를 다루고 있고, 제2부에서는 저드슨 엘리엇(Mrs. Judson A. Elliott)이 쓴 고난의 가치(the Value of Trials)란 책을 부록으로 실었다.

사실 제1부 악과 고통의 문제 가운데 제1,2장은 필자가 일반적인 의미에서 악과 고통의 문제를 다룰 필요를 느꼈고, 게다가 언젠가 출판하리라는 마음으로 오래전에 써두었다가 이제야 세상의 빛을 보게 되었다. 특히 제3장은 이 책을 출판하려고 마음 먹은 후에, 거듭난 사람들에게 임하는 악과 고통의 문제를 다룰 필요성을 느껴서 특별히 증보하였고, 제2부 시련의 가치는 크리스천에게 임하는 시련이라는 이슈를 좀 더 세밀하게 다룰 필요를 느껴서, 엘리엇 여사의 소책자를 번역해서 첨부했다. 그래서 제1,2장은 일반인 버전, 제3장과 제2부는 크리스천 버전이라고 할 수 있겠다.

아무쪼록 이 작은 책이 영문 모를 고난과 고통, 그리고 시련 가운데서 "왜? 제게 이런 시련을 주셨습니까? 어째서?"라고 마음으로 애통해하며, 절규하듯 하나님의 뜻을 구하는 이들에게 소망의 항구로 인도해줄 한줄기 빛이 되기를 바라는 마음으로 내놓는 바이다.

지은이 이 종 수

제 1부
악의 문제, 고통의 문제

"만일 하나님이 선하다면, 자신의 피조물들이 행복하기를 바랄 것이며, 만일 하나님이 전능하다면 자신이 바라는 대로 행할 수 있을 것이다. 하지만 피조물들은 행복하지 않다. 그렇다면 하나님은 선하지 않거나, 아니면 능력이 없거나, 아니면 둘 다 일 것이다."

- 무신론자

서 론

　인간은 누구나 예외없이 이 타락한 세상에서 온갖 종류의 악으로 고통을 당하고 있다. 회의론자들과 무신론자들은 "만일 하나님이 선하다면, 자신의 피조물들이 행복하기를 바랄 것이며, 만일 하나님이 전능하다면 자신이 바라는 대로 행할 수 있을 것이다. 하지만 피조물들은 행복하지 않다. 그렇다면 하나님은 선하지 않거나, 아니면 능력이 없거나, 아니면 둘 다 일 것이다."고 말한다. 악의 문제는 기독교 신앙에 지속적인 도전을 가하며, 하나님을 믿는 우리의 전통적인 신앙의 심장에 타격을 주기에 심각한 문제이다. 신학자 한스 큉(Hans Kung)에 의하면, "악의 문제는 무신론의 견고한 반석이 되었기에 심각하게 다루어야 한다."고 말했다. 따라서 악의 문제는 그저 단순한 문제가 아니라, 온갖 불신앙과 관련된 논쟁과 이슈들의 덩어리이다.

수세기 동안, 많은 위대한 신학자들이 이 어려운 문제와 씨름해왔다. 기독교 신학자들은 고통의 문제에 대해 '신정론(theodicy)'이라고 하는 해법을 제시했다. 이 이론은 바로 이 세상에 악이 존재함에도 여전히 하나님은 선하시다는 것이다. 왜냐하면 하나님은 악 조차도 합력하여 선을 이루도록 하시기 때문이다(롬 8:28). 따라서 인간이 겪는 모든 고통은 하나님의 섭리 속에서 다 의미를 가지고 있다. 또 한편 기독교 신학자들은 그에 대해 '자유 의지'라는 개념으로 응답해왔다. 즉 고통의 한 측면은 자유 의지의 남용의 결과일 수가 있다는 것이다. 고통은 하나님과는 상관없이 우리가 자유 의지를 오용한 결과이기 때문이다.

따라서, 이 책은 악이란 무엇이며, 또 하나님은 왜 악을 허용하시는지, 왜 사람들에게 고통을 허락하시는지, 또 하나님은 그것을 통해 무엇을 이루시길 원하는지에 대한 해법을 제시하고자 한다. 결론적으로 이러한 연구를 통해 무신론자들은 자신들의 입을 막고 하나님의 존재를 인정하지 않을 수 없게 하고, 그리스도인들은 악과 고통을 통하여 더 큰 선을 이루시는 하나님의 은혜의 섭리를 바라보고, 하나님께 은혜의 찬송을 드리게 하는 것이 목적이다.

"고난은 어느 순간 동안 하나님이 존재하지 않는 것처럼 보이도록 만든다."

- 시몬느 베이유

제 1장 악의 존재는 과연 하나님이 존재하지 않는다는 증거인가?

1. 악의 존재

    몇몇 무신론자들은, 여전히 악이 존재한다는 것은 논리적으로 완전히 선한 하나님의 존재와는 어울리지 않는다고 주장한다. 예를 들어, 로버트 파르게터(Robert Pargetter)는 "악이 존재한다는 것은 하나님이 존재하지 않는다는 강력한 증거이다." 고 말한다. 그의 말대로라면, 분명 악이 존재한다는 것은 과연 사랑의 하나님이 계시는가에 대한 믿음을 가지는데 걸림돌이다. 왜냐하면 악은 고통, 질병, 파괴, 불평등, 억압과 죽음 등을 포함하고 있기 때문에, 이러한 악이 횡행하는 세상은 하나님이 존재하지 않는 것처럼 보이기 때문이다. 과연 하나님은 선하신가? 만일 하나님이 선하시다면, 어째서 그 선한 하나님이 창조한 이 세상은 악으로 가득하단 말인가? 우리는 이 문제를 어떻게 해결할 수 있을까?

이 문제에 관해 많은 사람들이 다양한 방법들로 표현을 했다. 하지만 결국 그리이스 철학자 에피쿠로스(Epicurus, B.C. 341-270)가 표현한 다음과 같은 요소들을 포함하게 된다.

"하나님은 악의 제거를 원하시나
하실 수 없을 수도 있다.
혹은 그는 하실 수 있으나
원치 않을 수도 있고,
원하시지도 않고,
또 하실 수 없을 수도 있다.
혹은 원하기도 하며
또 하실 수도 있다.

만일 하나님이 원하시지만 하실 수 없다면
그가 무능력한 존재임을 의미하는 것인데,
이 사실은 하나님의 성품에 맞지 않는다.
만일 그가 하실 수 있지만 원치 않는다면,
그는 질투도 많고 변하기도 한다는 것을 의미한다.

만일 그가 원하시지도 않고 하실 수도 없다면,
그는 질투도 강하고 연약한 존재이므로
하나님이 아니다.
그가 원하시며 하실 수도 있다면,
이것만이 하나님께 어울리는 것이다.
그러면 악의 근원은 무엇인가?
그리고 왜 그 하나님은 악을 제거하지 않는 것인가?"

이러한 상당히 논리적이고 이성적인 문제에 부딪힌다면, 우리는 상당히 고민해 보아야 한다. 이성적으로만 따지면, 우리는 하나님은 존재하지 않거나, 아니면 제한된 분으로 생각하게 되고, 따라서 세상 악에 대해 아무 것도 하실 수 없는 것처럼 결론을 내릴 수도 있다. 그래서 철학자 알프레드 놀스 화이트헤드(Alfred North Whitehead)는 '과정 중에 있는 하나님'이란 이론을 제안했다. 그는 이렇게 말했다.

"하나님은 과정의 일부이다. 하나님은 무한하지 않고 유한하다. 하지만 그는 무한하게 되려는 잠재력을 가지고 있으므로, 하나님을 아직 믿어 볼 순 있다. 그러나 그에게 많은 기대는 하지 말라."

사람들은 이러한 제한적인 하나님의 개념을 받아들이며, 자신들이야말로 '하나님에 대한 회복된 신앙'을 가지고 있다고 자랑

한다. 하지만 이처럼 만일 하나님이 제한적인 분이시고, 세상사나 우리 삶에 간섭하실 수 없다면, 그분은 악을 심판하실 수 없을 것이다. 결국 하나님은 죄를 심판할 수 없으므로, 도덕성은 중요하지 않은 것이 된다. 하나님이 너무 약해 악을 다룰 수 없는 것은 악이 너무 강해 심판될 수 없는 것과 같다.

우리가 이처럼 제한된 하나님의 존재를 믿기 위해서는 하나님이라는 단어에 새로운 의미를 부여해야만 한다. 왜냐하면 하나님이란 정의상 불변하며, 본래 그대로인 분이고, 따라서 영원하고 창조되지 않았고, 사랑, 능력, 지혜에 있어 완전해야 하기 때문이다. 우리가 정직하게 생각하기만 한다면 우리에게는 하나님이라는 단어의 의미를 변화시킬 권리도 없고, 그렇기 때문에 그 의미가 변화될 수도 없음을 인정할 수밖에 없다.

그래서 C. S. 루이스(C. S. Lewis, 1898-1963)는 「고통의 문제」라는 책에서 문제의 핵심을 다음과 같이 정리했다.

"하나님이 선하시다면, 자신의 창조물을 가장 행복하게 만들어 주려고 할 것이다. 하나님이 전능하시다면, 자기가 원하는 대로 무엇이든 할 수 있을 것이다. 그러나 창조물은 행복하지 않다. 그러므로 하나님의 선함에 무엇인가 부족하든지, 능력이 없든지, 혹은 둘 다일 것이다. 이것이 단순하게 정리된 고통의 문제이다."

그리고 기독교를 비판하는 사람들을 향해 문제의 핵심을 분명히 하자고 말한다. 우선적으로 '전능'과 '선함'과 같은 단어가 의미하는 바를 분명히 해야 한다고 말한다. 이 단어의 의미를 분명히 하지 않은 채 진행하는 것은 모든 문제를 뒤죽박죽으로 만든다고 했다.

그렇다면 하나님이 전능하다는 말은 무슨 뜻인가? 루이스는 하나님의 전능이 자기 멋대로 하는 능력을 의미하는 것이 아니라고 말한다. 그러므로 우리는 고난이 하나님의 전능함에 어딘가 문제가 있어서 생긴 일처럼 생각해선 곤란하다. 만일 하나님이 세상을 만드시고 창조물에게 행동의 자유를 누리게 하셨다면 고난은 당연히 따라오게 된다. 우주를 창조하시고 창조물에게 자유를 허락하신 그의 능력(전능하심)을 행사하기 위해선, 하나님은 구속되지 않은 우주에게 미치는 결과, 즉 고통을 무조건적으로 막으실 수 없으시다. 자연의 질서와 자유 의지의 존재 사이에 고통이 있을 수 없다고 가정해보자. 그러면 결국 (자유의지가 존재하는) 삶 자체도 있을 수 없다는 사실을 알게 될 것이다.

이어 루이스는 사람들이 단순하게 이해하는 '선(善)'이란 단어를 검토한다. 루이스에게 있어 '선'은 하나님의 사랑의 자연스런 결과이자 표현이다. 그렇다면 하나님의 사랑과 고통은 모순일까? 우리는 인간의 사랑과 하나님의 사랑을 멋대로 뒤섞지 않게 하기 위해 하나님의 사랑이 정말 어떤 것인지 제대로 알아보아야 한다.

왜냐하면 하나님의 사랑은 쾌락을 목적으로 삼는 '좋은 게 좋은' 식으로 나타나지 않기 때문이다. 이 사랑은 하나님으로부터 나와서 고통 가운데 있는 세상을 구원하며, 영원한 생명과 자유의 풍성이라는 선물을 은혜로 주며, 그 선물의 결과 중에는 고난도 포함되어 있다. 그리고 무엇보다도 이 사랑은 하나님 자신이 성육신을 통해 우리의 고통에 참여한 사랑이다. 따라서 이러한 하나님의 사랑에 대해 성경은 이렇게 증거한다.

"하나님이 세상을 이처럼 사랑하사 독생자를 주셨으니 이는 저를 믿는 자마다 멸망치 않고 영생을 얻게 하려 하심이니라."(요 3:16)

우리는 고통의 문제를 피할 수 없다. 고통은 다가올 죽음이라는 내키지 않는 현실을 보도록 하며, 이러한 냉정한 현실을 통해 우리가 나아갈 삶의 방향을 깊이 생각해보도록 해준다. 고난은 이미 있는 생각에 의심의 씨앗을 뿌리기도 하지만, 알리스터 맥그라스(Alister Mcgrath)가 「생명으로 인도하는 다리」라는 책에서 말한 대로 "새로운 생각과 삶과 희망의 길의 기초를 놓아주기도 한다."

성경은 우리에게 크시고 위대하신 하나님에 대해 증거한다. 성경에 기록된 모든 찬양과 예배와 찬송은 하나님의 위대하심에 집중되고 있다. 이사야 선지자는 분명히 하나님의 위대성에 압도되어 다음과 같이 찬양했다.

"너희가 알지 못하였느냐 너희가 듣지 못하였느냐 태초부터 너희에게 전하지 아니하였느냐 땅의 기초가 창조될 때부터 너희가 깨닫지 못하였느냐 그는 땅 위 궁창에 앉으시나니 땅의 거민들은 메뚜기 같으니라 그가 하늘을 차일같이 펴셨으며 거할 천막같이 베푸셨고 귀인들을 폐하시며 세상의 사사들을 헛되게 하시나니 그들은 겨우 심기웠고 겨우 뿌리웠고 그 줄기가 겨우 땅에 뿌리를 박자 곧 하나님의 부심을 받고 말라 회리바람에 불려 가는 초개 같도다 거룩하신 자가 가라사대 그런즉 너희가 나를 누구에게 비기며 나로 그와 동등이 되게 하겠느냐 하시느니라 너희는 눈을 높이 들어 누가 이 모든 것을 창조하였나 보라 주께서는 수효대로 만상을 이끌어 내시고 각각 그 이름을 부르시나니 그의 권세가 크고 그의 능력이 강하므로 하나도 빠짐이 없느니라." (사 40:21-26)

따라서 우리는 하나님이 선하시며, 하나님이 창조한 모든 것이 선한 것임을 알아야 한다(창 1:10,12,18,25,31). 하지만 첫 사람 아담이 하나님께 범죄하고(롬 5:12) 죄가 세상에 들어온 후 모든 것이 변했다. "모든 사람이 죄를 범하였으매 하나님의 영광에 이르지 못하"(롬 3:23)게 되었고, "모든 피조물이 허무한데 굴복하게"(롬 8:20) 되었다. 아담의 타락과 하나님께 대한 범죄는 죄와 악을 이 세상에 들여왔다(롬 5:12).

그러므로 악의 존재를 하나님이 존재하지 않는 증거라고 말하는 무신론자들의 논증은 전적으로 잘못된 것이다. 오히려 악은 하나님의 존재에 대한 강력한 근거를 제공한다. 이에 대한 이유를 살펴보기 전에 악이란 무엇인가에 대해 알아보자.

악이란 무엇인가? 어거스틴(Augustine, 354-430)은 "악이란 존재의 결핍 혹은 부재"라고 생각했다. 즉 "악(惡)이란 선(善)의 결핍"이라는 말이다. 이러한 어거스틴의 악에 대한 정의 및 이해는 구속론적인 관점 보다는 형이상학적인 관점에서 수용되었다고 볼 수 있다. 즉 하나님의 창조세계는 선하며, 악은 그 선성(善性)의 결핍이며, 악은 선한 이지적 피조물인 인간에 의해서 그의 도덕적 자유가 방탕한 곳으로 오용됨으로써 시작되었으며, 따라서 악은 인간의 타락에서 비롯되었기 때문에 하나님은 악에 대해서 아무런 책임도 없고, 또한 악을 통해 하나님의 목적이 궁극적으로 위협받거나 방해받는 일은 없다는 논리적인 문제로 받아들여졌던 것이다. 따라서 김승철 교수는 「기독교 사상사를 통해서 본 악의 문제」라는 글에서 어거스틴의 악에 대한 이해를 "하나님의 관점에서 전체를 바라보면 세계는 죄와 괴로움을 내포하면서도 완전한 것이 된다."는 것으로 결론을 냈다.

한편 토마스 아퀴나스(Thomas Aquinas, 1225-1274)는 악의 존재론적 비존재성을 신의 속성에서부터 대답하고자 했다. 즉 신성은 과정을 전혀 지닐 수 없는 단순성이므로 하나님에게는 변화가 불가능하며, 거기에는 영원한 본질과 변화하는 본질의 현실화 사이에 구분이 있을 수 없다. 따라서 아퀴나스는 악의 근원을 어거스틴처럼 자유의지를 지닌 피조물에게서 찾지 아니하고 우연성이라고 하는 피조물의 속성에서 찾았다. 그리곤 "모든 악은 근본적으로 선한 존재가 잘못된 상태에 빠진 결과"라고 말했다.

이외에도 많은 신학자들은 악의 문제에 대해 다양한 이론들을 제시했다. 사실 어느 것이 더 논리적인지 결정하는 것은 쉽지 않다. 하지만 이 문제를 다루면서, 우리는 자연적인 악과 도덕적인 악을 구분해야만 한다는 결론에 이르게 된다. 왜냐하면 악은 자연적 악과 도덕적 악의 두 가지 형태로 우리에게 다가오기 때문이다. 여기서 자연적인 악이란 인간이 자연의 손에 의하여 경험하게 되는 고난이나 악을 의미하고, 도덕적인 악이란 인간의 죄나 잘못으로 인하여 다른 사람과 세계에 저질러지는 고난이나 악을 뜻한다. 이 두 가지 경험의 영역에서 우리는 신앙과 삶의 잔혹한 고통들을 경험하면서, 우리의 노력으로도 해결되지 않고 또 해답을 찾을 수 없는 질문들의 미로 속으로 빠져 들어가는 것을 경험하게 된다. 따라서 우리가 두 가지 형태의 악의 문제를 나누어 보지 않는다면, 이 문제에 관해 혼란 속에서 방황하기 쉽다. 이렇게 구분하는 것은 매우 중요하다.

1) 자연적인 악

자연적인 악이란 자연적인 재앙, 홍수, 화재, 질병, 그리고 갑작스러운 사고 등 인간의 의지와 행동 등 인간의 간섭이나 중재 없이 일어나는 일들을 의미한다. 예를 들어, 젊은 어머니가 불치의 암에 걸린 것, 갓 태어난 어린이가 후천성 면역결핍증에 걸린 것, 화산의 분출로 인해 수천 명의 사람들이 죽어서 묻힌 것, 짙은 안개로 인한 비행기 사고에서 수백명이 사망한 것 등이 있다. 병원을 방문해보고 유족들을 상담해본 사람들이라면, 누구나 이러한 사건으로 인해 생겨난 고통과 비참함이 너무도 크고 깊으며, 때로 파괴적임을 잘 알고 있을 것이다.

다니엘 밀리오리(Daniel L. Migliore)는 「이해를 추구하는 신앙」이란 책에서 자연적 악의 경험들을 다루는데 상처 가능성, 유한성, 죽음의 필연성 등 그 자체를 악한 것으로 보려는 유혹에 빠질 수 있다고 말한다. 즉 우리 인간 또한 하나님이 창조하신 자연 질서의 일부이며, 다른 피조물들과 같이 자연 질서의 법칙 아래 놓여 있다. 유한한 피조물이라는 것은 고통, 질병, 슬픔, 실패, 무능력 등의 가능성을 포함하며, 노년의 병듦과 죽음의 확실성을 포함하는 것이다. 따라서 하나님의 창조하신 세계 안에는 탄생과 죽음이 있고, 합리성과 우연성이 있으며, 질서와 자유가 있고, 위험과 상처 가능성이 있는 것이다. 따라서 우리가 사는 세상에 도전, 투쟁, 그리고 어떤 형태의 고난은 삶의 본래적 구조에 속하는 것들이다. 심지어는 신앙을 가진 사람이 피조물적인 실존 한계와 위험으로부터 면제받는다고 주장하는 것은 속이 좁은 생각이며, 자기 도취적인 해로운 신앙이다. 그러므로 유한성과 죽음의 필연성이 하나님에 의하여 피조된 인생의 그늘진 구석인 것은 사실이지만, 그러한 것들이 본질적으로 악한 것은 아니다.

하지만 그럼에도 시몬느 베이유(Simone Weil, 1909-1943)가 말한 것처럼 "고난은 어느 순간 동안 하나님이 존재하지 않는 것처럼 보이도록 만든다"는 것 또한 사실이다. 고통과 죽음의 경험, 그리고 하나님의 부재는 엄청난 악의 경험과 밀접히 연관되어 있다. 우리는 성경에서 신실한 하나님의 성도들조차도 이러한 악을 경험하면서, 하나님을 향해 고통 가운데서 처절한 질문을 던지는 것을 발견한다.

"여호와여 어느 때까지니이까 나를 영영히 잊으시나이까 주의 얼굴을 나에게서 언제까지 숨기시겠나이까" (시 13:1)

"여호와여 언제까지니이까 스스로 영원히 숨기시리이까 주의 노가 언제까지 불붙듯 하시겠나이까"(시 89:46)

심지어는 하나님의 아들 예수 그리스도 조차도 하나님을 향해 "나의 하나님 나의 하나님 어찌하여 나를 버리셨나이까?"(마 27:46)며 처절하게 묻는다. 그러므로 악의 문제에 대한 해결은 지적인 것이라기 보다는 실제적인 것이다. 우리 또한 예기치 않게 갑자기 밀어닥친 고난으로 인해 고통을 맛본 경험이 있다면, 이러한 물음이 무엇보다도 피부에 와 닿을 것이다. 그래서 진정 고통 가운데 있는 사람의 문제는 이 고통의 의미가 무엇이며, 또 이 고통이 그저 고통으로 끝나는 것이 아니라 우리 삶을 변혁하는 의미있는 것으로 마무리되기를 바라는 것이다. 그래서 고통에 관한 진실을 담고 있는 성경이 우리에게 정말 필요한 이유는, 성경의 증거를 통해서 악의 기원에 대한 사변적인 답변을 얻는 것으로 만족하는데 있지 않고, 하나님의 사랑이 궁극적으로 승리하리라는 확신 가운데서 악의 세력에 저항하는데 훨씬 더 큰 관심과 주의를 기울이는데 있다.

우리가 정말 알아야 할 것이 있다. 그것은 성경에서 일관되게 증거하는 것인데, 즉 하나님은 고난 가운데 있는 자기 백성들과 함께 하신다는 것이다. 시편 기자에 따르면, 하나님은 음부의 깊은 곳에서도 함께 하신다(시 139:8). 이러한 진술은 그리스도께서 우리의 구원을 위하여 음부에 내려가셨다고 말하는 사도신경에서도 반복되고 있다.

하나님이 피조물의 고난 가운데 함께 하시고, 고난의 심연 가운데 예상치 못한 동반자가 되어 주시는 것은 전적으로 은혜이다. 고난의 경험 가운데 나의 고통을 이해해주는 누군가가 함께 해주는 것은 선물이다. 고난의 불꽃 가운데 있는 나를 진정으로 공감해주시는 하나님이 함께 하신다는 것은 말로 표현할 수 없는 귀중한 은총이다. 하나님이 고난당하는 사람들과 함께 할 때, 고난당하는 사람들은 그들의 질병이나 다른 이들의 따돌림으로 인한 고통에도 불구하고 하나님으로 인하여 그 존엄성과 가치에서 긍정을 받게 된다.

고난당하는 사람들은 단지 육체적 고통이나 사회적 압박에 의해서만 공격당하지 않는다. 그들은 무가치함과 버려짐의 느낌을 체험하는 가운데 더욱 고통을 받는다. 하나님이 희생자들과 함께 연대를 형성하는 분이라고 말하는 것은 단순히 수사적인 위로가 아니라, 진실로 우리 삶을 새롭게 할 수 있는 적극적인 긍정의 힘이다.

하나님의 아들 예수 그리스도께서 죄인들과 및 버림받은 사람들과 교제를 가졌고, 병들고 가난한 사람들에게 연민을 품었으며, 성문 밖에서 두 죄수와 함께 십자가에 못 박혀 죽었다는 소식은 우리에게 구원의 능력으로 다가온다. 이는 자연재해나 동료 인간으로 인하여 고통당하는 사람 안에 있는 절망감과 자기 증오심을 극복하도록 해주기 때문이다.

천재지변과 같은 자연적인 재앙과 관련해서 생각해볼 것이 있다. 하나님의 선민인 이스라엘이 하나님을 거역하고 불순종했을 때, 구약시대의 선지자들은 하나님께서 천재지변과 같은 일들을 통해 그들을 징벌하시는 것으로 선언했다. 즉 고통, 고난 또는 재앙에 나타나는 자연적인 악의 궁극적인 원인을 하나님으로 생각했던 것이다. 하나님은 자신의 주권적인 뜻 가운데서, 자신이 창조한 우주 가운데 이런 자연적인 악을 허용하신다. 하지만 그것을 다스리시며 사용하셔서 이 세상을 정화시키고 새롭게 변혁하는 일로 결말을 맺으신다. 그 결과 개인적인 악과 국가적인 악들이 제거된다(사 45:7, 애 3:38, 암 3:6). 이 세상 뿐 아니라 인간의 도덕적인 삶의 영역도 어떤 원리에 의해서 유지될 필요가 있다. 그렇지 않으면 세상은 온통 혼돈 속으로 빠져들 것이다. 인간이 하나님의 기본 법을 어기고, 자신의 행동에 응당한 결과를 경험할 때, 그것은 일종의 형벌 혹은 후회스러운 감정으로 나타난다. 고통이나 슬픔의 형태로 임하는 하나님의 보응은 단지 하나님에 대해 나쁜 감정만을 갖게 하지 않는다.

2) 도덕적인 악

하나님은 모든 악에서 멀리 떠나 계시기 때문에, 모든 종류의 악에 대해서 아무런 책임이 없으시다. 특별히 도덕적인 악은 인간의 죄성에서 비롯됨을 이해할 필요가 있다(약 1:13-15). 어거스틴은 "인간 영혼은 신적 본질의 한 부분이기에 온전히 선하다. 하지만 육체와 그 정욕에 끌릴 때에는 악으로 기운다."고 했다. 이스라엘 민족은 반복적으로 악을 행했고, 그 결과 징벌을 받았다(삿 2:11, 왕상 11:6 참조). 우리가 알아야 할 것은 모든 역사는 악의 세력과의 영적인 싸움의 역사라는 것이다(엡 6:10-17, 계 12:7-12). 복음주의 성경신학 사전은 "신·구약 성경 전체에 걸쳐 죄와 악의 기원은 악의 피조물인 사탄에게로 귀착된다. 사탄은 인간으로 하여금 범죄케 함으로써 타락시켰고, 이에 에덴 동산과 생명 나무에 이르지 못하도록 했다(창 3장)"고 정의하고 있다.

따라서 도덕적인 악은 고의적이건 우발적이건, 의도된 것이건 그렇지 않은 것이건, 문화적인 것이건 윤리적인 것이건, 계시된 하나님의 뜻에 대한 불순종에 그 뿌리를 두고 있다. 그러므로 하나님은 악을 싫어하신다. 따라서 악은 온전히 피조된 존재, 즉 천사나 혹은 인간들의 자유 의지의 남용 때문에 발생하는 것이다. 하나님의 구원하시는 역사는 악의 문제를 피해가는 것이 아니라, 악을 직접적으로 다루신 결과이다.

그러므로 도덕적인 악의 문제는 윤리적이고 도덕적인 문제에 관한 것이다. 문제의 뿌리는 무신론자들이 다음과 같은 두 가지 가설이 한 가지 혹은 두 가지 모두가 옳을 수 있다는 사실을 놓치고 있기 때문이다:

하나, 전지 전능하시고, 전적으로 선하신 하나님은 어떤 것을 논리적으로 가능하도록 창조하실 수 있다. 예를 들어, 하나님은 세상과 인간을 창조하실 때, 모든 일을 무엇이 옳은지 항상 선택할 수 있는 도덕적인 존재로 창조하셨다.

둘, 전지 전능하시고 전적으로 선하신 하나님은, 우리 개인들의 삶과 자연적인 환경 가운데서 은혜롭게 간섭하심으로써 우리가 사는 세상에서 악을 크게 줄이실 수 있다.

결론적으로 악의 존재는 하나님이 존재하시지 않는다는 증거가 될 수 없다. 악의 문제는 도덕적으로 책임있는 존재로서 우리의 책임에 속한 것이다. 도리어 전적으로 선하신 하나님의 존재는 우리로 하여금 무엇이 선한 것인지 또 무엇이 악한 것인지를 판단하는 기준이 된다.

2. 악과 고통과 하나님과의 관계

이제 성경 가운데 특별히 요한계시록을 통해서 이러한 문제들을 살펴보자. 왜냐하면 성경은 악과 고통과 하나님의 관계를 이해할 수 있는 유일한 열쇠이기 때문이다. 성경 가운데, 특히 요한계시록은 하나님의 역사와 악의 역사, 그리고 인간의 역사와 고통의 역사의 마지막 결말을 우리에게 보여준다. 요한계시록에서 우리는 다음과 같은 네 가지 사실을 볼 수 있다.

1) 악과 고통에 대한 네 가지 사실

하나, 세상은 온통 악으로 가득하다. 요한계시록은 거짓과 착취, 불의, 성적인 부정, 권력의 남용, 전쟁, 죽음, 지진과 자연재해, 사탄과 귀신들의 역사, 거짓 종교, 기근, 범죄, 재앙 등을 언급한다.

둘, 고통은 모든 인간의 운명이다. 다양한 형태의 고통은 슬픔, 통곡, 번민, 궁핍, 박해와 순교, 죽음, 애통, 눈물과 울부짖음을 동반한다.

셋, 고통은 특별히 하나님의 백성들의 운명이다. 요한계시록을 기록한 사도 요한도 "하나님의 말씀과 예수의 증거를 인하여"(계 1:9) 밧모 섬에 유배되는 고통 가운데 있었다. 만일 독자께서 진정으로 거듭난 그리스도인이라면, 고통이라는 하나님 백성들의 공동 운명에서 면제받지 않았음을 잊지 말라.

넷, 악은 세상 끝까지 계속될 것이다. 요한계시록은 악과 고통의 문제는 주님이 오시는 날까지 지속될 것임을 분명히 하고 있다. 오직 하나님만이 악의 진행을 멈추게 하실 수 있다. 그 날까지 우리는 고통을 인내와 기도로서 통과해야 한다.

요한계시록은 우리에게 인류 역사의 마지막 모습에 대한 많은 통찰을 준다. 그 가운데 하나가 요한계시록 15장 3-4절에 나타난 하나님의 종 모세의 노래와 어린 양의 노래이다.

"하나님의 종 모세의 노래, 어린 양의 노래를 불러 가로되 주 하나님 곧 전능하신 이시여 하시는 일이 크고 기이하시도다 만국의 왕이시여 주의 길이 의롭고 참되시도다 주여 누가 주의 이름을 두려워하지 아니하며 영화롭게 하지 아니하오리이까 오직 주만 거룩하시니이다 주의 의로우신 일이 나타났으매 만국이 와서 주께 경배하리이다 하더라"(계 15:3-4)

뿐만 아니라, 우리는 이 구절에서 하나님에 대한 다음과 같은 여섯 가지 확실한 사실을 알 수 있다.

2) 하나님에 대한 여섯 가지 사실

하나, 하나님은 전적으로 선하시다. 악한 세상에서 살다보면 하나님의 선하심에 대해 의심하고 심지어는 도전하는 일이 빈번이 일어난다. '어떻게 선하신 하나님이 전쟁이나 암, 또는 쓰나미와 폭탄 테러리스트들의 악행에 의해 무고한 목숨들이 희생되는 일을 허락하시는가?' 하고 우리는 부르짖는다. 이 세상에 아무리 무서운 심판이 내릴지라도, 이 두 구절은 전체적인 그림을 통해 우리로 하여금 분명 그 어떤 일에도 하나님의 길은 전적으로 의롭고 참되다는 사실을 보게 해준다.

둘, 하나님은 모든 주권을 가지고 계신다. 하나님의 백성들은 하늘에서 그분을 주 하나님 곧 전능하신 분이시며, 만국의 왕으로서 경배했다(15:3). 하나님을 나타내는 두 이름, 즉 주 하나님 그리고 전능하신 하나님이란 이름은 우리의 이해를 초월하시고, 영원하시며, 스스로 존재하시는 하나님을 나타낸다. 그 하나님은 모든 권세있는 존재들을 다스리시며, 자기 백성들의 역사를 그 주권적인 뜻을 따라 이끄신다.

셋, 하나님은 자기 백성을 모든 악에서 건지실 것이다. 이 노래는 하나님의 백성들이 고통의 문제에서 자유로운 존재임을 송축하는 노래가 아니라, 하나님이 하나님의 백성들인 우리를 이 땅에서 악이 우리의 삶을 파멸시키는 일을 결코 허락하지 않으신다는 진리를 선포하는 노래이다. 오히려 이 노래는 하나님이 우리를 어두운 데서 불러내어 그의 기이하고도 영광스러운 빛 속으로 들어가게 하신 사실을 노래하고 있다. 하나님은 우리에게 허락하사 견디도록 하신 상처와 문제들을 돌아보시며, 우리에게 상처를 준 악의 권세를 깨뜨리시고, 그 상처들을 영광과 축복으로 바꾸어주신다.

넷, 하나님은 악을 다루고 계신다. 하나님은 자신의 창조 세계의 모든 부분들 가운데 역사하신다. 악이 가장 강력하게 역사하는 그런 곳일지라도 예외는 없다. 그래서 마침내 하나님은 악이라고 하는 존재 자체를 멸하실 것이다.

다섯, 모든 역사, 즉 모든 고통에는 목적이 있다. 성경에 기록된 모든 사건들, 모든 고통들에는 의미 없는 것이란 없다. 모든 일들 속에서 하나님은 자기의 주권적인 목적에 따라 역사하시며, 세상 끝에 그 뜻을 드러내실 것이다.

여섯, 세상 끝에 모든 사람은 하나님이 행하신 모든 일 속에서 하나님의 공의와 영광을 보고 알게 될 것이다(계 15:4). 심지어는 하나님의 진리와 그분의 구원을 거절한 사람들 조차도 하나님의 심판대에 이르러 마침내는 하나님의 주권적인 모든 역사가 의롭다는 것을 인정하게 될 것이다.

　물론 성경은 어떻게 의롭고, 전능하시고, 사랑이 많으신 하나님이 자신이 창조한 우주 가운데 악의 존재를 허락하시는지에 대해 이렇다 하고 대답하고 있지는 않다. 하지만 우리가 성경 전체를 살펴본다면 왜 하나님이 악과 고통을 이 세상에 허락하시는지에 대한 이유를 분명히 알게 된다. 이제 하나님이 허락하신 고통의 의미에 대해서 살펴보자.

"우리 자신의 빈궁한 처지로 인해 하나님 안에만 거하는 그 복들의 무한함이 더 확연히 드러난다. 곧 첫 사람의 반역이 우리에게 드리워 놓은 그 처참한 황폐의 상태로 인하여 우리는 어쩔 수 없이 시선을 위로 향하지 않을 수 없다."

- 존 칼빈

제 2장 고통의 참된 의미

　사람은 누구나 행복하기를 원한다. 누구나 장밋빛 인생을 꿈꾸며 좋은 기회를 통해 인생의 도약을 꿈꾼다. 우리 중 누구라도 예기치 못한 사건들로 인해 우리의 인생이 전복되며 고통스러운 나날이 계속되길 바라지 않는다. 하지만 시련과 고통은 대부분 아무런 준비도 되어 있지 않은데 엎친데 덮친 격으로 우리에게 찾아온다. 그리고 발버둥칠수록 더욱 깊은 수렁에 빠져든다. 이럴 경우, 우리는 평소 찾지도 않던 하나님을 원망하며, 때로는 하늘을 향해 주먹을 불끈 쥐어 보기도 한다. 하지만 우리 영혼 속에는 자조 섞인 소리만 메아리쳐 울릴 뿐이다.

　"내게 이런 엄청난 시련이 임하다니…도대체 내가 무얼 잘못했길래…하나님이 원망스럽구나!"

물론 모든 사람이 다 이렇게 반응하는 것은 아니다. 어떤 사람들은 이런 상황 속에서 자신이 찾지도 믿지도 않았던 하나님을 구체적으로 생각하기도 하고, 그 신적 존재 앞에서 겸허한 태도와 자세를 갖추며, 자신이 당하고 있는 고통의 의미를 묻는다.

존 칼빈(John Calvin, 1509-1564)은 「기독교 강요」란 책에서 "우리 자신의 빈궁한 처지로 인해 하나님 안에만 거하는 그 복들의 무한함이 더 확연히 드러난다. 곧 첫 사람의 반역이 우리에게 드리워 놓은 그 처참한 황폐의 상태로 인하여 우리는 어쩔 수 없이 시선을 위로 향하지 않을 수 없으며, 그리하여 배고프고 굶주려 있는 가운데서 우리에게 결핍된 것들을 거기서 찾으려 하며 또한 두려움에 휩싸여 겸손을 배우게 된다"고 말했다.

우리는 우리가 가지고 있는 재능, 미덕, 능력들로 인해 하나님의 존재를 무시하며 살아왔다. 하지만 일순간 닥친 고통들로 인해 우리는 칼빈이 말한 대로, "우리 자신의 무지, 공허함, 빈곤, 연약함, 그리고 타락과 부패에 대해 느끼게 되고, 이로써 참된 지혜의 빛과 건전한 미덕, 모든 선의 풍성함, 그리고 의의 순결함이 오직 하나님께만 있다는 것을 깨닫게 된다."

이렇게 고통은 우리 자신의 비천함을 깨닫게 해줌으로써 우리를 자극시켜 하나님을 찾도록 해줄 뿐만 아니라 우리 손을 이끌어 하나님을 발견하도록 해준다. 그리고 갑작스레 닥친 시련과 고통 속에서 말로만 듣던 하나님을 마침내 만나, 자신이 잃었던 것보다 더 많은 축복을 받은 인물인 욥처럼 이제 "내가 어찌하면 하나님 발견할 곳을 알꼬!"라고 부르짖는다.

이렇게 우리에게서 시선을 돌려 하나님을 찾게 되는 것, 우리의 생각을 높이 들어 올려서 하나님께로 향하기 시작하는 것, 이러한 것들이 바로 고통이 우리에게 가져다 주는 축복의 문을 여는 열쇠가 된다. 그래서 성경은 이에 대해 "이는 사람으로 하나님을 혹 더듬어 찾아 발견케 하려 하심이로되 그는 우리 각 사람에게서 멀리 떠나 계시지 아니하도다 우리가 그를 힘입어 살며 기동하며 있느니라"(행 17:27-28)고 말한다.

이것은 궁극적으로 인간 본성의 영적인 면을 일깨우는데 하나님의 특별 계시가 필요하다는 것을 나타낸다. 왜냐하면 "주의 이름을 부르는 자가 없으며 스스로 분발하여 주를 붙잡는 자가 없기"(사 64:7) 때문이다. 그렇다. 우리는 아무도 스스로 하나님을 찾지 않는다. 그래서 하나님은 불현듯 우리에게 고통과 시련을 보내시는 걸까? 하지만 고통이 우리로 하여금 하나님을 더듬어 찾도록 해주고, 스스로 분발하여 하나님을 붙잡게만 해 줄 수 있다면, 고통은 결코 고통스러운 기억만으로 끝나지 않는다. 오히려 우리에게 새로운 세계를 열어주는 중요한 역할을 하게 된다.

즉 우리를 지으신 창조주 하나님을 만나는 통로가 되는 것이다. 우리가 잃은 것들보다 더 많은 것들로 갚아주시는 선하신 하나님을 만나게 된다. 그리고 이것은 새로운 시작이다.

1. 악에서 선을 끌어내시는 하나님

악과 고통이 일으키는 문제 가운데 가장 두려운 일은 그저 아무런 의미 없이 악으로 인해 고통을 당하는 일일 것이다. 이 우주가 그저 우연에 의해 돌아가고 있다고 믿는 대다수의 사람들은 이 세상에 궁극적인 의미나 목적이란 존재하지 않는다고 생각한다. 하지만 우리 그리스도인들은 아무런 목적 없는 우주를 믿지 않는다. 우리는 하나님을 창조주로, 그리고 만물을 다스리시는 분으로 확신한다. 하나님은 지혜로우시고 선하시며, 자신의 통치가 미치지 못하는 곳은 전혀 없는 분이시다. 그래서 우리는 모든 사건 속에서, 그것이 작은 것이든 큰 것이든, 모든 것이 다 의미를 가진다고 믿는다. 바로 우리가 당하고 있는 고통 속에는 하나님의 목적이 있으며, 그것은 곧 하나님의 선(善)이 이루어지는 것이다.

성경은 악에서 선을 이끌어내시는 하나님의 역사에 대한 많은 예들을 보여준다. 우리는 구약의 인물 가운데 요셉의 이야기에서 그 실례를 볼 수 있다. 요셉은 갑작스럽게 형들의 질투와 질시 때문에 한 순간 처참한 인생의 나락으로 떨어졌다. 물이 없는 흙 구덩이에 내던져졌고, 노예로 팔렸으며, 오랜 세월 죄수의 신분이 되어 감옥 생활을 해야만 했다. 이 모든 세월은, 요셉에겐 고통이 연속적으로 겹겹이 겹쳐 오는 고난, 고통, 그리고 시련의 시간이었다. 하지만 요셉의 모든 고통을 일순간 복과 영광으로 바꾸는 일이 일어났다. 하나님이 개입하신 것이었다. 하나님의 개입! 바로 그것이 모든 고통 가운데 있는 사람들이 간절히 구해야 하는 기도의 주제이자 핵심이다. 이처럼 자신에게 행해진 모든 악에서 선을 이끌어내시는 하나님의 은혜로운 손길을 경험한 요셉은 나중에 자신을 죽음의 웅덩이에 내던진 형들을 만났을 때, 그들을 향해서 이렇게 말했다. "당신들은 나를 해하려 하였으나 하나님은 그것을 선으로 바꾸사 오늘과 같이 만민의 생명을 구원하게 하시려 하셨나이다." (창 50:20) 부정적인 경우이지만 또 다른 예도 있다. 바로 바로의 마음을 강퍅하게 하심으로 결과적으로 하나님의 권능과 영광을 나타낸 경우이다.

하나님은 전적으로 선하시다. 하지만 인간은 전적으로 악하다. "의인은 없나니 하나도 없다.]" (롬 3:10) 하지만 우리에게 기쁜 소식이 있다. 그것은 바로 전적으로 선하신 하나님이 악에서 선을 끌어낼 수 있는 능력을 가지고 계시다는 것이다. 그리고 그 능력으로 하나님은 모든 것이 합력하여 우리에게 선이 이루어지도록 역사하신다.

2. 고통을 영광으로 바꾸시는 하나님

고통은 정말 아무 것도 아닌게 아니다. 고통은 우리에게 불행과 고뇌와 근심과 손실을 겪게 한다. 하지만 하나님이 그것을 허락하셨다면, 거기엔 하나님의 뜻이 있다. 그것은 곧 우리가 잃은 것, 마음 고생한 것, 그리고 우리 인생을 흔들어 모든 것을 뒤죽박죽으로 만들어버린 비극들이 무언가 더 좋고, 더 강하고, 더 의미있는 것으로 변화되는 것을 보게 될 것이란 의미이다.

하나님은 우리에게 이러한 스토리의 본으로 예수 그리스도를 제시하신다. 성경은 "그가 아들이시라도 받으신 고난으로 순종함을 배워서 온전하게 되었은즉 자기를 순종하는 모든 자에게 영원한 구원의 근원이 되시고"(히 5:8-9)라고 말한다. 예수 그리스도는 하나님의 아들이시지만, 그럼에도 고통을 겪으셔야만 했다. 그 고통이란 십자가를 가리킨다. 십자가는 인간이 경험할 수 있는 온갖 종류의 고통의 총합체를 의미했다. 그렇다면 우리에게 제시하시는 십자가 속에 담긴 하나님의 계획은 무엇인가? 그것은 우리를 영광으로 인도하시는 것이다. 그래서 성경이 그리스도께서 당하신 고통을 말할 때마다 그가 받으신 영광 또한 아울러 언급하는 것을 보게 된다.

예를 들어, 누가복음은 "그리스도가 이런 고난을 받고 자기의 영광에 들어가야 할 것이 아니냐"(눅 24:26)고 말하고, 베드로 또한 "자기 속에 계신 그리스도의 영이 그 받으실 고난과 후에 얻으실 영광을 미리 증거하여"(벧전 1:11)라고 말한다. 더군다나 하나님의 아들로서 그리스도는 온전하신 분임에도, 성경은 구원의 주이신 그리스도께서 "고난으로 말미암아 온전케"(히 2:10) 되셨다고 말한다.

그리스도는 우리의 본이다. 그래서 성경은 "이를 위하여 너희가 부르심을 입었으니 그리스도도 너희를 위하여 고난을 받으사 너희에게 본을 끼쳐 그 자취를 따라오게 하려 하셨느니라"(벧전 2:21)고 말한다. 사도 바울 또한 "자녀이면 또한 후사 곧 하나님의 후사요 그리스도와 함께 한 후사니 우리가 그와 함께 영광을 받기 위하여 고난도 함께 받아야 될 것이니라"(롬 8:17)고 말한다.

고통으로 상징된 십자가는 우리로 하여금 하나님의 영광에 합한 자가 되도록 해준다. 존 스토트(John Stott, 1921-2011)는 "고통과 영광은 결혼한 사이이다. 그 둘은 이혼할 수 없다. 둘이 하나가 되었으니 결코 나눌 수 없다."고 말했다. 악은 사람 뿐만 아니라 온 피조 세계에 영향을 미치고 있다. 이 세상에 사는 동안, 우리는 악과 함께 살아야만 하고, 그 권세와의 싸움을 싸워야 한다. 하지만 우리가 알아야만 하는 진리가 있다. 그것은 바로 존 스토트가 정의한 대로 "고통은 영광에 이르는 이정표" 란 사실이다.

고통은 분명 견디기 힘든 것이 사실이다. 하지만 우리가 지금 고통을 겪고 있다면, 하나님을 바라보자. "내가 산을 향하여 눈을 들리라 나의 도움이 어디서 올꼬 나의 도움이 천지를 지으신 여호와에게서로다."(시 121:1,2) 하나님은 선하시다. 그리고 그 선하신 하나님은 우리의 고통을 영광으로 바꾸실 수 있는 유일한 분이시다.

3. 고통을 통해 가치를 높이시는 하나님

고통은 불을 통과하는 것과 같은 격렬하고도 아픈 경험이다. 그래서 성경은 고통을 당하는 경험을 마치 정금을 단련하는 용광로를 통과하는 것으로 표현하고 있다. 그리고 그처럼 불 같은 시련과 고통을 통해 연단을 받은 인물 가운데 욥을 언급한다. 욥은 자신이 받는 고통과 시련을 가리켜 용광로에 던져진 것으로 표현했다.

"그가 나를 단련하신 후에는 내가 정금같이 나오리라." (욥 23:10)

이제 그가 받은 고통을 생각해보자.

"하루는 욥의 자녀들이 그 맏형의 집에서 식물을 먹으며 포도주를 마실 때에 사자가 욥에게 와서 고하되 소는 밭을 갈고 나귀는 그 곁에서 풀을 먹는데 스바 사람이 갑자기 이르러 그것들을 빼앗고 칼로 종을 죽였나이다 나만 홀로 피한 고로 주인께 고하러 왔나이다 그가 아직 말할 때에 또 한 사람이 와서 고하되 하나님의 불이 하늘에서 내려와서 양과 종을 살라 버렸나이다 나만 홀로 피한 고로 주인께 고하러 왔나이다 그가 아직 말할 때에 또 한 사람이 와서 고하되 갈대아 사람이 세 떼를 지어 갑자기 약대에게 달려들어 그것을 빼앗으며 칼로 종을 죽였나이다 나만 홀로 피한 고로 주인께 고하러 왔나이다 그가 아직 말할 때에 또 한 사람이 와서 고하되 주인의 자녀들이 그 맏형의 집에서 식물을 먹으며 포도주를 마시더니 거친 들에서 대풍이 와서 집 네 모퉁이를 치매 그 소년들 위에 무너지므로 그들이 죽었나이다 나만 홀로 피한 고로 주인께 고하러 왔나이다 한지라" (욥 1:13-19)

소와 나귀는 스바 사람들에게 빼앗겼다. 또 그의 종들은 저항하다가 살해되었다. 양과 종들이 하늘에서 내려온 불에 타버렸다. 갈대아 사람들이 약대를 약탈해 갔으며, 종들 또한 살해되었다. 집이 무너지고, 자녀들은 깔려 죽었다. 이 모든 일은 분명 그의 신앙심을 능가하는 재난이었다.

이러한 재앙에 대한 욥의 최초의 반응은 비통과 슬픔이었다. 연속되는 경제적인 손실과 충성스러운 종들을 잃은 것, 게다가 그 무엇보다도 자신의 사랑하는 자녀들을 한꺼번에 잃었을 때, 그는 고대 근동 사람들이 망연자실하고 비통한 상태에서 자신의 마음을 표현하는 방식대로 행했다. 곧 자신이 입고 있던 옷을 찢고, 머리털을 밀어버렸다.

그럼에도 우리는 여기서 욥이 "(불을 통과하여) 내가 나오리라"고 의기 양양한 말을 한 것을 주시할 필요가 있다. 무엇이 그로 하여금 이처럼 당당한 말을 하도록 했을까? 그것은 불을 통과한 후에야 증언할 수 있는 말임이 분명하지만 욥은 여전히 용광로 속에 있다. 뜨거움이 계속되고 자신의 몸에 난 종기는 육체에 격렬한 고통의 섬광을 쏘아대고 열로 인해 입술은 탄다. 그는 진물이 흐르는 종기를 기와 조각으로 긁는다. 그의 머리는 고통으로 진동하고 친구들은 그에게 찾아와 온갖 음해하는 말과 거짓 고소와 고발하는 말로 심기를 더욱 어지럽힌다. 그래도 욥은 현재의 무서운 시련 저 너머를 바라보면서 믿음을 재확인하며 "내가 정금같이 나오리라"는 목소리로 확신에 차서 외친다.

욥은 자신을 용광로 속에 있는 "정금"으로 보았다. 하나님의 마음에 합한 사람인 다윗은 하나님의 자녀들을 정련하는 자의 불 가운데 있는 "은과 같이" 보았다. 그래서 "우리를 단련하시기를 은을 단련함 같이 하셨으며"(시 66:10)라고 말했다. 그리고 말라기는 금과 은 둘 다를 사용하여 하나님의 백성들을 정결케 하는 하나님의 역사에 대해 말한다. "그가 은을 연단하여 깨끗케 하는 자같이 앉아서 레위 자손을 깨끗케 하되 금은같이 그들을 연단하리니"(말 3:3)

그렇다면 하나님은 왜 이렇게 하시는가? J. C. 브룸필드(J. C. Brumfield)는 이에 대해 "하나님의 고귀한 자녀들의 가치를 증가시키려는 하나님의 수단"이라고 말했다. 우리는 하나님의 아들 예수 그리스도의 핏값으로 구속함을 받은 존재들이기 때문에, 사실은 은이나 금 보다 훨씬 더 값진 존재들이다. 사도 베드로는 "너희가 알거니와 너희 조상의 유전한 망령된 행실에서 구속된 것은 은이나 금같이 없어질 것으로 한 것이 아니요 오직 흠 없고 점 없는 어린 양 같은 그리스도의 보배로운 피로 한 것이니라"(벧전 1:18,19)고 말했다.

하나님은 은과 금을 썩어질 것으로 보신다. 하지만 하나님은 우리를 은보다 아니, 금보다 더 귀한 존재로 보신다. 이것이야말로 얼마나 위로가 되는 사실인가! 우리는 하나님의 가장 고귀한 아들이요 딸들이다. 따라서 하나님은 우리에게 해가 되는 어떤 것도 허락하지 않으신다. 그러므로 브룸필드의 말처럼 우리에게 일어난 일은 하나님의 고귀한 자녀들의 가치를 증가시키려는 하나님의 수단인 것이다. 이러한 시련을 통해 우리는 우리 자신의 아름다움과 순결함을 증가시키게 된다.

만일 우리가 무가치한 존재라면 정련하는 자의 불의 뜨거움이나 하나님의 오묘하신 손길을 결코 알 수 없을 것이다. 그러므로 이제부터 우리가 험난한 시련의 열기를 느낄 때마다 하나님께 감사하자. 이를 통해 우리는 하나님의 피로 값주고 산 아들과 딸이요, 하나님께 속한 자이므로 하나님께서 자신의 소유된 것을 돌보신다고 확신할 수 있다.

우리가 이처럼 하나님께 가치 있는 존재라면, 우리 속에 불순물이 있어서는 안될 것이다. 그래서 우리는 우리 속에 있는 이러한 불순물을 보면서 자신을 정결하게 해달라고 하나님께 기도한 적이 있을 것이다. 그리고 하나님은 우리를 불 가운데 넣으심으로써 응답하신다. 하나님은 "은을 정련하여 정결케 하는 사람"처럼 우리를 깨끗케 하신다. 그래서 우리 속에 있는 불순물은 고통의 불 가운데서 불탄다.

잠시 엄숙하게 숙고해보자. 당신의 삶 가운데 정화를 필요로 하는 "불순물"은 어떤 것인가? 그것은 오만, 자랑, 칭찬을 좋아함, 주목받고 싶어함, 자기의 의지가 강함, 무뚝뚝함, 배울 줄 모르는 자세, 미성숙, 시기, 질투, 분노, 인내하지 못함, 돈을 사랑함, 이기적임, 용서하지 않으려는 자세 등이 있을 것이다. 이러한 불순물들은 우리 속에 거하시는 성령님을 근심하게 한다. 그러므로 우리는 연단을 받고 정결케될 필요가 있다. 이것은 우리가 반드시 불 가운데로 통과해야 함을 의미한다. 여기에 우리의 위로가 되는 것이 있다. 정련하는 자는 목적을 가지고 있다는 것이다. 그것은 하나님의 고귀한 금과 은을 파괴시키려는 것이 아니라 불순물을 소각시켜서 금의 순결함과 아름다움이 더욱 나타나게 하려는 것이다. 불은 금을 파괴시킬 수 없고 다만 녹일 수 있을 뿐이다. 우리는 하나님 앞에 얼마나 녹아져야 하는 존재인가! 금이 녹아질 때 불순물이 표면으로 떠올라서 정련하는 자가 그것을 걷어내기가 쉬워지는 것이다. 당신은 어느 정도로, 얼마나 녹아질 수 있는가?

당신은 어떤 고통을 당하고 있는가? 하나님은 우리에게 문제나 슬픔이나 시련이 없는 삶을 약속하지 않으셨다. 아니 그런 약속을 하신 적이 결코 없으시다. 그렇다면 문제는 우리가 고통을 당할 때 어떻게 대처해야 하는가에 있다.

저 위대한 사도 바울 또한 곤경에 처한 적이 있었다. 그는 삐

격거리는 낡은 배를 타고 로마로 이송되어 가는 죄수였다. 그는 기독교에 적대적이었던 가이사 황제에게 재판을 받도록 되어 있었다. 그때는 역풍, 폭풍, 파선, 절망 뿐이었다. 당신은 "절망" 가운데 처해 본 적이 있는가? 당신은 바울이 절망 가운데서 어떻게 했는지를 아는가? 그는 "나는… 하나님을 믿노라"(행 27:25)고 말했다. 당신은 진실로 하나님을 믿는가?

진정한 인격이 나타나는 것은 우리가 하는 말을 통해서 뿐만 아니라 그런 것을 말하는 환경을 통해서도 나타난다. 나는 하나님을 믿노라고 말하기는 쉽다. 하지만 바울이 처한 상황보다 더 어려운 상황을 만날 때 누구도 그렇게 말하지는 못할 것이다. 바울의 항해를 인생에 비유할 수 있다. 그것은 믿음의 항해이다. 우리 또한 인생의 항로에서 하나님을 의지하고 신뢰하는 믿음으로 계속 전진해 나가야 한다.

4. 고통을 도구로 사용해서 잠재성을 개발하시는 하나님

캠벨 몰간(Campbell Morgan, 1863-1945)은 「욥과 그리스도」란 책에서 고난의 의미를 "우리 속에 잠재해 있는 가능성을 개발하시는 하나님의 도구"로 표현했다. 고통 중에서 욥은 "나의 가는 길을 오직 그가 아시나니 그가 나를 단련하신 후에는 내가 정금같이 나오리라"고 고백했다. 지금까지 욥은 혹독한 고통 속에서 죽는 것이 낫다고 생각했다. 즉 죽기만을 원했다. 그런데 어느 순간 욥이 이 말을 한 것이다. 욥에게 무슨 일이 일어난 것일까?

욥은 모든 것을 잃고 분노하여 반발하고 있던 사람, 곧 계속해서 고통을 겪고 있으며 하나님을 도무지 만날 수 없다고 생각하던 사람이었다. 그런 형편에도 불구하고 갑자기 그의 입술에서 이처럼 엄청난 진리를 계시하는 말이 흘러 나온 것이다.

"나의 가는 길을 오직 그가 아시나니"라는 말 속에는 자신이 지금 나아가고 있는 길에는 반드시 목적지가 있다는 확신이 나타나 있다. 그리고 그 목적지에 이르게 되면 자신이 정금처럼 변화되어 나타날 것이란 소망과 믿음을 볼 수 있다. 따라서 여기서 '나의 가는 길'을 단지 사람이 밟고 다니는 길이 아니라 그 사람 속에 잠재해 있는 가능성을 의미하는 것으로 볼 때, 그 의미가 더 분명해진다. 즉 하나님은 사람 속에 있는 모든 것을 아시며, 아직 미완성 단계에 있음을 보신다. 이처럼 미완성 단계에 있는 것은 궁극적으론 개인의 인격을 의미한다. 욥은 고통 속에서 인격의 변화를 경험하고 있었던 것이다. 순전한 믿음의 사람 욥은 보다 더 큰 인격의 사람으로 변화되어 가고 있었다. 하나님의 위대한 목적을 그 자신 속의 인격에 담기 위해서, 욥의 잠재력은 더욱 개발될 필요가 있었다.

　그러므로 욥은 자신이 당하고 있는 고통 속에 하나님의 뜻이 있음을 발견했다. 그는 자기 존재의 목적과 그 목적을 이루기 위한 자신의 잠재력을 개발시키고자 하시는 하나님의 의도를 파악한 것이다. 이 점에서 우리는 끊임없이 실패하고 있음을 고백하지 않을 수 없다. 우리는 보통 자신을 잘 알고 있다고 생각한다. 흔히 사람들은 무엇이 되려고 하고 무슨 일을 하려고 결심한다. 하지만 우리는 자신에 대한 지식이 부분적이고 불완전하다는 사실을 깨닫기 전까지는, 언제든지 인생을 파멸시킬 위험에 직면해 있음을 알아야 한다. 그러므로 우리는 우리 자신보다 우리를 더 잘 아시는 하나님께 가까이 나아갈 필요가 있다. 하나님을 인격적으로 만날 필요가 있다. 나를 지으신 하나님, 나보다 나를 더 잘 아시는 하나님은 전적으로 선하신 하나님이시다. 모든 것이 합력하여 우리 속에서 선을 이루기를 원하시는 하나님이시다.

　하나님은 우리를 사랑하신다. 자신의 독생자를 아낌없이 내어 주시기까지 우리를 사랑하셨다. 그래서 성경은 "하나님이 세상을 이처럼 사랑하사 독생자를 주셨으니 이는 저를 믿는 자마다 멸망치 않고 영생을 얻게 하려 하심이니라"(요 3:16)고 말한다. 당신은 이러한 하나님의 사랑을 받은 자인가? 당신은 진정으로 거듭났으며, 예수 그리스도께서 당신의 모든 죄를 단번에 영원히 속죄하기 위하여 십자가에서 죽으셨다가 다시 살아나셨음을 확신하고 있는가? 그렇지 않다면, 이 하나님의 사랑을 알게 해달라고 기도해보길 바란다.

"그가 나를 단련하신 후에는"이라는 욥의 말을 보면 우리는 우리를 온전히 아시는 하나님의 지식에 대한 사실과 우리의 잠재력을 성취하기 위해 하나님이 모든 것을 다스리신다는 사실까지 알게 된다. 그러므로 사람의 최종적인 존엄성은 하나님의 완벽한 지식에 의한 통치를 받아 들이고, 우리의 인생 가운데 역사하는 하나님의 통치의 단련을 통해서 온전히 나타나게 된다.

애들레이드 프록터(Adelaide Procter)라는 여류 시인은 이러한 진리를 다음과 같이 표현했다.

네 금을 불 속에 던져라.
붉게 빛나는 값진 네 금을.
삼킬 듯이 타오르는 불을 두려워하지 말라.
그러면 네 금은 한 점 흠 없는
더욱 값진 정금이 되어 나오리라.
마음은 고통으로 연단 받아야 하듯이
금은 불로 단련되어야 하기 때문이다.

용기를 잃거나 비탄해 하지 말고
네 마음을 지독한 고통의 불 속에 던져라.
네 손을 굳게 움켜 쥐고
용기를 잃지 말아라.
시험이 끝나고
기운을 되찾을 때까지 기다리라.
금이 불로 단련되듯이
마음은 고통으로 단련되어야 하나니.

나는
네가 차고 있는 금목걸이의 광채를 보며
사랑을 품고 있는 네 마음의 조용한 힘을 보며
네가 견뎌야 했던 불이 어떠했음을 아노라.
너 진실한 마음이여 영원히 고동치라.
너 찬란히 빛나는 목걸이여 영원히 빛나라.
그리고 정결케 하는 불을 감사하고
뼈아픈 고통의 용광로를 감사함으로 받아들이라.

"격투장 같이 치열한 삶의 현장 속에서, 위협적인 도전들과 파괴적인 공격 속에서, 순진한 사람들이 당하는 고통과 실패한 사람들이 겪는 역경 속에서 선하신 하나님을 어떻게 찾을 수 있다는 말인가? 어떻게 우리에게 던져진 시련을 이해함과 동시에 하나님을 선하신 분으로 신뢰할 수 있다는 말인가?"

- 조안 D. 치티스터

제 3장 악과 고통과 시련, 그리고 로마서 7장

　악과 고통, 그리고 시련의 문제는 거듭난 하나님의 자녀에게 더욱 고통스럽게 다가온다. 대개 거듭남의 신앙을 가진 사람들은 자신이 거듭났다는 이유만으로 모든 악과 고통과 시련에서 면제받은 줄로 생각하는 성향이 있다. 그래서 악과 고통과 시련의 문제를 오직 구원받지 못한 세상 사람들만이 겪는 문제로 치부한다. 그래서 그런지 생각지도 못했던 엄청난 시련이 엄습하게 되면 그들은 "왜? 내게 이런 시련이…"라는 자조 섞인 물음과 함께 더욱 깊은 불신의 수렁 속으로 빠져 들어간다.

　조안 D. 치티스터(Joan D. Chittister)는 「시련 그 특별한 은혜」라는 책에서 예기치 않은 시련에 봉착한 사람들은 대개 두 가지 관념을 어떻게 받아들일 것인가를 고민한다고 했다. "격투장 같이 치열한 삶의 현장 속에서, 위협적인 도전들과 파괴적인 공격 속에서, 순진한 사람들이 당하는 고통과 실패한 사람들이 겪는 역경 속에서 선하신 하나님을 어떻게 찾을 수 있다는 말인가? 어떻게 우리에게 던져진 시련을 이해함과 동시에 하나님을 선하신 분으로 신뢰할 수 있다는 말인가?" 그리고 나서 치티스터는 이러한 번뇌 속에서 자신에게 임한 시련이 내포하고 있는 각각의 차원들과 시련이 요구하고 있는 값진 의미들을 조금씩 이해해 가는 과정 속에서 시련의 영성이 꽃피운다고 했다. 이 시련의 과정은 "우리의 모습을 더욱 성숙하게 변화시켜주는 촉매제이며 은혜의 선물"이라고 정의했다.

왜 거듭난 그리스도인에게 고통과 시련이 찾아오는 것일까? 게다가 고난이 편안하고 안이한 신앙을 가진 사람들에게가 아니라 특별히 "선을 행하기 원하고…내 속사람으로는 하나님의 법을 즐거워하는"(롬 7:21,22) 사람들에게 찾아드는 것일까? 이 주제를 다루려면 우리는 로마서 7장을 이해할 필요가 있다.

1. 로마서 7장의 이해

로마서 7장은 그리스도인의 영적 삶에 있어서 반드시 경험적으로 통과해야 하는 과정이다. 우리가 로마서 7장을 통과했을 때에만 로마서 8장에 들어갈 수가 있다. 로마서 7장은 우리의 목적지가 아니다. 거듭난 그리스도인의 삶의 목적지는 로마서 8장이다. 로마서 8장에는 "생명의 성령의 법"이 역사하고, 더 이상 "육신에 있지 않고 성령 안에" 있으며, 나는 그리스도 안에, "그리스도께서는 내 안에 거하시며", 이제 "하나님의 영으로 인도함을 받으며", "자기 아들을 아끼지 아니하시고 우리 모든 사람을 위하여 내주신 하나님께서 그 아들과 함께 모든 것을 우리에게 주시며", "모든 일에 우리를 사랑하시는 이로 말미암아 우리가 넉넉히 이기는" 삶이 펼쳐져 있다. 이 모든 것을 총칭해서 "그리스도 안에서 그리스도와 연합을 이룬 삶"으로 표현할 수 있다. 하나님은 우리가 로마서 7장의 "육신 안에 있는 존재"에서 로마서 8장의 "그리스도 안에 있는 존재"가 되길 바라신다.

하지만 이 로마서 8장으로 들어가려면, 우선 로마서 7장을 경험적으로 통과할 필요가 있다. 로마서 8장에서 "그러나 이 모든 일에 우리를 사랑하시는 이로 말미암아 우리가 넉넉히 이기느니라"(롬 8:37)는 승리의 외침이 있기 전에, 로마서 7장에서 "오호라 나는 곤고한 사람이로다 이 사망의 몸에서 누가 나를 건져내랴"(롬 7:24)는 절규의 신음이 먼저 있어야 한다. 어떤 면에서 보면, 로마서 7장은 우리와 하나님 사이를 가로막고 있는 엄청난 장벽처럼 우뚝 서있다. 하나님께 가까이 나아가고자 하는 사람, 특히 하나님과 하나됨을 이루고 싶은 사람들은, 우선적으로 하나님과 우리 사이를 갈라놓고 또 가로막고 있는 "알 수 없는 구름(unknowing cloud)"의 두께를 느끼며 좌절할 수밖에 없다.

 토마스 아 켐피스의「그리스도를 본받아」와 함께 동시대 최고의 기도서로 알려진「무지의 구름」이란 책의 저자는 신앙 초기에는 "어둠과 무지의 구름(the cloud of unknowing)에 둘러싸여 하나님에게 다가서는 방법을 알지 못하기 때문에, 무엇을 하든 이 어둠과 구름이 당신과 하나님 사이를 갈라놓고, 분별력 있게 그분을 바라보거나 그분의 달콤한 사랑을 경험하지 못하게 만든다."고 말했다. 그래서 "영혼과 사랑과 의지의 조화 속에서 하나님과의 연합을 은총을 통해서 성취하려면", "육적이든 영적이든 당신에게 속한 모든 것들을 망각의 구름 속에 묻어버리고" 이 구름 보다 더 높이 올라가야 한다고 했다.

 게다가 십자가의 성 요한(St. John of the Cross, 1542-1591)은「어둔 밤」이란 책에서 영혼들이 영적 어린 아이 상태에서 장성한 사람으로 나아가는 길에 반드시 이 어두운 밤을 통과하게 되며, 초심자의 위치에서 벗어나 인간이 하나님과 영스러운 합일을 이루는, 즉 완전한 이의 위치에까지 도달하기 위해선 반드시 영혼이 통과하는 밤이 있다고 했다. 초심자들은 (자신이 알든 모르든) 교만의 습성이 있고, 영적으로 불완전하고, 영적 탐욕이 용솟음치고 있기 때문에 하나님께서는 저 어두운 불 속에서 영혼을 정화시키지 않으면, 완전한 사랑에 의한 하나님과의 합일을 조금도 이룰 수 없으며, 관능의 반항과 충동에 따라 행하기 일쑤이기에 어둔 밤의 정화로 말미암아 새롭게 될 필요가 있다고 했다.

거듭난 그리스도인들이 영적으로 추구하는 과정에서, 또는 영적으로 성숙해가는 과정에서 맞닥뜨리게 되는 무지의 구름이나 영혼의 어둔 밤이란 무엇일까? 그 실체는 무엇인가? 그것은 그리스도와의 연합이란 복된 실제를 담고 있는 로마서 8장으로 들어가는 길에 떡하니 장벽처럼 버티고 서있는 로마서 7장이 아니면 무엇이겠는가? 바로 로마서 7장이 하나님과 우리 사이를 가로막고 있는 무지의 구름이요 영혼의 어둔 밤의 상태인 것이다.

2. 로마서 7장 상태에 있다는 의미

로마서 7장 상태에 있다는 말은 무슨 의미인가? 로마서 7장 상태에 있는 사람은 "율법의 주관 아래 있으며"(1절), "하나님을 위하여 열매를 맺는 것이 아니라 사망을 위하여 열매를 맺으며"(4,5절), "죄의 정욕이 지체 중에 역사하며", "육신에 속하여 죄 아래에 팔린 상태에 있으며"(14절), "원하는 바 선은 행하지 아니하고 도리어 원하지 아니하는 바 악을 행하며"(19절), "악이 함께 있으며"(21절), "늘 죄의 법에 사로잡히며"(23절), "영적으로 곤고한 상태에서"(24절) 늘 괴로워한다. 그래서 마치 "네 머리 위의 하늘은 놋이 되고 네 아래의 땅은 철이 될 것"(신 28:23)이라는 말씀이 이루어진 것 같은 상태에 빠지게 된다. 즉 하늘이 놋으로 뒤덮인 것같이 되어 하나님과 우리 사이에 엄청난 이물질이 껴서 하나님과 소통은 되지 않고, 땅은 쇠로 변한 것 같이 되어 아무리 수고하고 애를 써도 영적인 일에 아무 열매도 맺지 못하는 상태에 빠진 것이다.

사실 우리가 막 거듭났을 때에는, 하나님의 영적인 세계가 새로이 펼쳐지면서 모든 것이 장밋빛 환상으로 가득해 있었다. 말씀을 읽고 깨닫는 기쁨과 기도가 신속히 응답되는 즐거움에 흠뻑 빠진 생활을 했었다. 나를 사랑하사 자기 목숨을 내어주신 주님을 사랑하는 마음이 용솟음쳤다. 하지만 어찌된 일인지, 점점 이러한 영적인 일에 마음이 멀어지고 둔해지기 시작하면서 우리의 삶은 나락으로 떨어진다. 하지만 무슨 계기로든 우리는 마음을 새롭게 하고 심기일전해서 영적인 새로운 도약을 꿈꾸며, 하나님과의 관계를 개선시켜보고자 애쓰게 된다. 하지만 우리가 노력하고 애쓰는 만큼, 우리는 그만큼 더 깊은 수렁으로 빠져든다. 그리곤 하나님과의 사이에 알 수 없는 구름이 끼고, 영혼의 어둔 밤을 지나는 고통이 찾아온다. 초신자 시절의 향수는 끝나고, 기대치 않았던 전혀 새로운 상태, 즉 불을 통과하는 연단과정으로 들어간다.

결국 로마서 7장은 영적으로 나태한 사람이 아니라 오히려 영적인 것을 추구하는 영적인 사람들이 하나님과의 하나됨을 이루는 상태, 즉 그리스도와 연합을 이룬 상태인 로마서 8장에 들어가지 못하기 때문에 겪는 고통이며 좌절감인 것이다. "오호라 나는 비참한 사람이로다!" 그렇다면 하나님과 우리의 사이를 가로막고 있는 이 알 수 없는 구름과 영혼의 어둔 밤의 정체는 무엇일까? 그에 대해 살펴보자.

1) 육신성

첫 번째, 그것은 바로 내 속에 있는 육신성(carnality)이다. 우리는 물과 성령의 역사로 거듭났지만 그렇다고 해서 육신성이 제거된 것은 아니다. 우리 속에 있는 육신은 연약하기 때문에, 늘 부정과 불법에 우리 자신을 내주어 불법에 이를 수밖에 없다(롬 6:19). 성화의 삶을 원하지만, 성화의 삶을 살 수 있는 능력이 없다. 사실 성화의 능력이 아직 임하지 않은 것이다. 우리의 존재 자체가 육신에 있는 존재이기 때문에, 즉 육신에 속한 자이기에 죄의 정욕이 자동적으로 우리 지체 중에서 역사한다. 그 결과 우리는 사망을 위한 열매를 맺고, 기대한 대로 거룩한 열매는 맺지 않고 엉뚱한 결과를 맺은 것에 대한 실망감 속에 빠져 허우적거리게 된다(롬 7:5). "육신에 있는 자들은 하나님을 기쁘시게 할 수 없다"(롬 8:8)는 사실을 뼈저리게 느껴야 한다. 왜냐하면 고린도교회 성도들은 사도 바울에게서 "육신에 속한 자(carnal) 곧 그리스도 안에서 어린 아이"(고전 3:3)라는 책망을 받았기 때문이다.

육신에 있는 사람, 육신에 속한 사람들은 구원받지 않는 세상 사람들을 가리키는 것이 아니라, 거듭났지만 자기 속에 있는 육신성이 처리되지 않은 사람이다. 그저 죄사함 또는 구원을 받고 죽은 후에 천당가는 초보적인 신앙에만 안주하는 사람들이다. 이러한 부류의 사람들은 사고 방식이나 가치관에서 구원받지 않는 사람들과 별 차이가 없다. 그래서 진정 거듭났음에도 육신에 속한 사람들에겐 여지없이 고난, 고통, 그리고 시련이 임하기 마련이다.

하나님은 육신에 속한 사람들이었던 고린도교회 사람들에게 십자가의 도를 계시하셨다(고전 1:18). 여기서 십자가의 도(the logos of the cross)란 우리가 지은 죄들을 처리하는 십자가가 아니라, 우리 육신적인 존재를 그리스도와 함께 못 박아 버린 십자가를 가리킨다.

당신의 육신은 십자가에 못 박혔는가? 그렇지 않다면, 당신 속에 뿌리 박고 있는 육신은 끊임없이 고난, 고통, 그리고 시련을 끌어당길 것이다. 당신은 고난, 고통, 그리고 시련 속에서 "오호라 나는 비참한 사람이로다"라는 절규를 쏟아낼 수밖에 없는 상황 속으로 계속해서 들어가게 될 것이다. 이제 십자가를 바라보라. 육신적인 당신을 못 박아 버린 십자가를!(갈 2:20, 5:24, 6:14)

2) 죄(성)

두 번째 우리의 영적인 삶을 계속해서 영적인 패배 속으로 몰아넣고, 하나님과의 사이에 자욱한 연기와 구름으로 가리고 있는 주요한 원인은 "내 속에 거하는 죄(sin)"이다. 내 속에 거하고 있는 죄는 "기회를 타서 계명으로 말미암아 내 속에서 온갖 탐심을" 이룬다(롬 7:8). 죄는 기회가 있을 때마다 나를 속이고 죄의 유혹에 넘어가게 만듦으로써, 그 결과 내 속에 패배의식을 고조시키고 영적으로 나를 죽인다(롬 7:11). 게다가 죄는 육신과 연대해서 "원하는 것은 행하지 아니하고 도리어 미워하는 것을 행하게" 한다(14,15절). 죄는 내 속에서 강력하게 역사하는 법이다. 그래서 그 죄의 법은 나로 하여금 원하는 바 선은 행하지 못하게 하고 도리어 원하지 아니하는 악을 행하게끔 하는 강력한 법으로 작용한다.

율법이 남편처럼 주관하려든다면, 죄는 군주처럼 나를 다스리고자 한다. 하나님의 법을 즐거워하고 또 영적인 것을 추구하는 사람은 이러한 죄의 통치에서 벗어나고 싶어 몸부림칠 것이다. 거룩한 삶, 성화의 삶을 살고 싶은 사람은 이처럼 내 속에 꿈틀거리는 죄의 욕망에 항거하며, 저항하기를 포기하지 않은 사람이다. 안타까운 사실은 거듭났음에도, 성화의 삶을 포기한 사람들이 의외로 많다는 것이다. 거듭남의 은혜로 자신 속에 싹튼 거룩한 본성의 작용에도 불구하고, 자신의 죄성에 함몰되어 성화의 역사를 거부하는 사람들 가운데 무법주의로 돌아선 사람들이 더러 있다. 이러한 사람들은 대개 모든 죄를 탕감받았고, 천당가는 티켓을 받았기 때문에 어찌 살든 천당간다는 식의 면죄부 구원론에 빠진 상태에서 수준 낮은 삶을 살아간다. 이러한 사람들의 대표가 바로 고린도교회 사람들이었다. 고린도교회 사람들은 '십자가의 도'를 죄들(sins)의 사함을 받는 것으로만 이해할 뿐, 자신이 십자가에 못 박혔기에 죄(sin)에서 해방되었다는 믿음이 없는 사람들이었다. 그들은 다시 십자가 앞에 서야만 했다. 그래서 그리스도의 십자가가 우리가 지은 죄들(sins)을 처리했을 뿐만 아니라 우리 속에 거하는 죄(sin)까지 처리함으로써 완전한 구속을 이루었음을 믿음으로 바라볼 필요가 있었다.

윌리암 켈리(William Kelly, 1821-1906)는 「해방의 체험」이란 책에서 "육신적인 사람들도 분명 거듭난 사람들이지만 도덕적으로 문제가 있고 영적인 수준이 낮은 상태에 있는 사람들이다.

그들은 마땅히 신령한 사람들이 되어야 했지만 그렇지 못한 사람들이다. 따라서 모든 신자가 신령한 사람인 것은 아니다"고 말했다. 그리고 이렇게 육신적인 사람들은 "태평스럽게 온화한 성품을 가진 사람들로, 이런 성품은 죄에 쉽게 빠지므로 잘못을 저지르거나, 아니면 지나치게 사나워져서, 잘못을 범하곤 한다"고 말했다.

육신적인 사람들은 쉽게 죄성에 굴복하고, 죄를 이길 힘이 없기에 쉽게 화를 내며, 각양 탐심과 정욕을 맹목적으로 추종하는 삶을 살며, "육체의 욕심을 따라 지내며 육체와 마음이 원하는 것을 하여 다른 이들과 같이 본질상 진노의 자녀"과 다름없는 삶을 산다(엡 2:3). 그럼에도 자신은 예수님의 피를 통해서 모든 죄들을 사함 받았고, 언제라도 하늘나라에 들어갈 수 있다는 확고한 믿음으로 자신을 위로한다. 하지만 이러한 사람은 그 자신의 말과 행실 때문에 "하나님의 이름이 이방인 중에서 모독을" 받게 하기 때문에, 하나님은 징계라는 방식으로 고통을 가하신다. "주께서 그 사랑하시는 자를 징계하시고 그가 받아들이시는 아들마다 채찍질하심이라 하였으니 너희가 참음은 징계를 받기 위함이라 하나님이 아들과 같이 너희를 대우하시나니 어찌 아버지가 징계하지 않는 아들이 있으리요 징계는 다 받는 것이거늘 너희에게 없으면 사생자요 친아들이 아니니라."(히 12:6-8) 하나님의 징계는 또 다른 형태로 거듭난 사람들에게 임하는 거룩한 압박이며 고난인 것이다. 이처럼 육신적인 사람들에게 필요한 것은 죄사함의 진리를 반복하는 것이 아니라, 죄성 또는 죄의 법에서 해방을 받을 수 있는 가능성을 보게 하고, 영적 해방이 이루어지도록 간절히 기도하게 하는 것이다.

3) 악

세 번째 선을 행하기 원하는 나에게 늘 함께 따라 다니고 있는 악(evil)이다. 로마서 7장에 있는 사람은 거듭난 사람이기 때문에, 선을 행하고 싶어 하고 또 하나님의 법을 즐거워한다. 하지만 그럼에도 원하는 것은 행하지 아니하고 도리어 미워하는 것을 행하며, 늘 죄의 법 아래로 사로잡힌다. 이처럼 영적으로 무기력한 상태, 승리하는 삶을 갈망하지만 늘 패배 의식에 사로잡히는 상태, 선을 행하고 싶지만 선을 행하기 보다는 악을 행하고 있는 위선적인 상태는 "선을 행하기 원하는 나에게 악이 함께 있다"는 또 다른 하나의 법을 깨달을 때까지 지속된다(롬 7:21).

이처럼 자신 속에 있는 악을 깨닫는 것은 영적 해방의 진리로 들어가는 관문이다. 영적 해방을 갈망하며 부르짖는 단계에 이르기까지 우리의 영혼은 그 속에 평안을 누릴 수 없으며, 자기 속에서 운동력 있게 역사하는 말씀의 능력도 경험할 수 없다. 이러한 시기를 지날 때에는, 때로는 영적인 혼돈을 겪을 뿐만 아니라 육체의 질병이 임하기도 하며, 오랜 시간 고통 속에서 눈물을 흘리며 하나님의 존재를 의심하기도 하고, 하나님의 선하심을 부인하는 지경에까지 이르기도 한다.

회심 후에 7년이라는 오랜 세월 동안, 이러한 영적인 추구와 번뇌 가운데 괴로움을 겪다가 마침내 해방을 경험할 수 있었던 존 넬슨 다비(John Nelson Darby, 1800-1882)는 말을 타고 심방을 가다가 말에서 떨어져 심한 부상을 입고, 3개월 이상 요양을 해야만 했던 일이 자신에게 영적 해방의 축복을 가져온 계기였다고 고백했다. 그처럼 고통스러운 시간 동안 자신의 목회적 의무에서 벗어나 오직 성경을 읽고 묵상하며 기도하는 시간을 보낼 수 있었고, "고난 당한 것이 내게 유익이라 이로 말미암아 내가 주의 율례들을 배우게 되었나이다"(시 119:71)라는 시편 기자의 고백처럼, 말에서 떨어져 다리가 부러지는 고통과 시련을 통해서 영적 해방의 진리를 주님께로부터 배우고, 영적 해방의 진리의 요체를 우리에게 체계적으로 전달할 수 있었다.

다비는 「영적 해방의 실제」라는 책에서 "해방이 오기 전에 우리 자신이 육신에 있다는 것이 발견 또는 자각되어야 한다. 즉 우리 자신이 나쁜 나무라는 인식이 선행되어야 한다. 우리는 (거듭났음에도 죄성으로 쉽게 기우는) 죄인일 뿐만 아니라 육신에 있는 사람은 하나님을 기쁘시게 할 수 없다는 엄중한 사실이 영혼 속에 각인되어야 한다. 우리가 육신은 나쁜 것이며, 불치의 존재라는 사실을 알게 될 때, 우리는 경험을 통해서 우리가 전적으로 무기력하고, 그래서 우리가 그리스도와 함께 죽었다는 진리를 실제적으로 아는 시점에 이르게 된다."라고 말했다.

필자가 쓴 「사도라 불린 영적 거장들」이라는 책에 보면, 다비가 해방의 진리를 경험하게 된 과정을 잘 풀어 설명하고 있다. 이렇듯 "그리스도 예수 안에 있는 생명의 성령의 법이 죄와 사망의 법에서 나를 해방"(롬 8:2)시키는 영적 해방을 경험한 다비는 하나님이 그리스도 안에서 예비하신 영광스러운 구원을 경험하려면 우리는 로마서 6-7장을 지나 로마서 8장에 이르러야 한다고 강조했으며, 그리스도인들에게 거듭남 또는 죄사함에서 멈추지 말고 계속해서 그리스도와의 연합이라고 하는 실제에 이르기까지 영적인 추구를 지속하도록 격려했다.

우리는 지금까지 우리 자신의 육신(성), 우리 속에 거하는 죄, 그리고 우리와 함께 하고 있는 악이 우리와 하나님 사이를 가로막고 있음을 살펴보았다. 이 세 가지 요인이 따로 혹은 함께 어우러져서 만들어낸 무지의 구름과 영혼의 어둔 밤을 통과할 때에만 우리는 불안과 혼돈으로부터 자유를 얻을 수 있게 된다.

3. 깨어짐과 영적 해방

폴 빌하이머(Paul E. Billheimer)는 「인생의 고통」이란 책에서 마담 귀용, 파니 크로스비, 에이미 카마이클, 조지 매더슨과 그 외의 성인들이 당했던 무능력과 병약함과 고통의 세월을 탄식했던 것과 심지어 하나님을 의심하기까지 했던 것과 이들이 당한 고통을 하나님이 다른 사람들에게 축복이 되도록 하신 일을 "하나님의 변덕"으로 불렀다. 이렇듯 이해할 수 없는 하나님의 변덕 속에서 하나님의 사람들은 극심한 불안과 번뇌와 때로는 공포를 경험한다. 왜 하나님은 변덕을 부리시는 걸까?

폴 빌하이머는 바로 "우리 육신 속에 있는 자신감" 때문이라고 말한다. 그리고 하나님의 모든 자녀들이 왕위를 가질 운명을 가지고 태어났기 때문에, 하나님은 자신의 자녀들이 거기에 합당한 거룩한 자질을 갖추도록 하기 위해서 육신을 깨뜨리는 과정으로 시련과 고난을 보내신다고 했다. 그래서 사람의 한계에 이르게 하시고, 다양한 상황과 환경 속에 넣으심으로 불만족과 초조함을 일으키시며, 때로는 마음의 고통과 슬픔을 통해서 완전한 자기 비우기가 일어날 때까지, 자신에 대하여 더 깊이 죽기까지 때로는 불 속에, 때로는 물 속에 집어넣으시는 것이다. 그것은 우리의 자아를 깨뜨리시는 하나님의 은혜로운 손길인 것이다.

자신에 대하여 더 깊이 죽는다는 것은 "십자가의 도"에 눈을 뜨는 것이다(고전 1:18). 십자가의 도(the logos of the cross)란 우리가 지은 죄들(sins)을 처리하기 위한 것이 아니라, 우리 속에 거하는 죄(sin)와 육신을 처리하기 위한 하나님의 도구이다. 즉 우리 자신이 "그의 죽으심과 같은 모양으로 연합한 자가" 되는 것이며(롬 6:5), 갈라디아서 2장 20절 "내가 그리스도와 함께 십자가에 못 박혔나니 그런즉 이제는 내가 사는 것이 아니요 오직 내 안에 그리스도께서 사시는 것이라"는 사도 바울의 고백이 실제적으로 나의 고백이 되는 것이다. 로마서 8장의 "그리스도 안에" 있는 존재가 되려면 로마서 7장의 "육신 안에" 있는 존재가 죽어야 한다. 그래서 하나님은 우리 자신의 육신과 자아가 십자가에 못 박히지 않으면 안된다는 사실을 처절하게 경험하게 하신 후에, 자신의 육신을 십자가에 못 박도록 하나님께 간절히 기도하지 않으면 안되는 지경까지 우리를 몰아 가시는 것이다.

빌하이머는 또 다른 책, 「보좌를 향하여」에서 모든 거듭난 하나님의 자녀들은 보좌에 앉게 될 운명을 타고 났지만, 그럼에도 그리스도와 함께 통치할 수 있는 자격은 오직 승리하는 자들에게만 주어질 것이라고 했다. 게다가 그리스도와 함께 통치할 수 있는 자격을 받는 사람은 그리스도의 죽음, 부활, 그리고 승귀(exaltation)에 연합하는 자이다. 이러한 연합은 "신비적이거나 철학적이거나 상징적이거나 비유적이거나 기관적인 관계가 아니라, 유기적으로 연합하는" 것이다. 그리스도와 유기적으로 연합을 이루려면 우리의 자아와 육신이 십자가에서 죽는 경험이 필수적이다. 이러한 경험은 지적인 동의 또는 교리적인 이해에 의해서 되는 것이 아니라, 우리의 간절한 기도와 더불어 성령의 역사와 능력의 나타남으로 된다. 우리 자신이 기도하지 않으면 하나님은 결코 그리스도와의 연합의 역사를 위해 일하시지 않는다.

프레드릭 그랜트(Frederic W. Grant, 1834-1902)는 「영적 해방이란 무엇인가」라는 책에서 영적 해방의 결과에 대해서 이렇게 말했다. "그리스도께서 죄인을 대신해서 십자가에 달리신 것이 사실이듯이 그리스도께서 성도를 대신해서 세상에 사는 것 또한 매우 실제적인 사실이다. 죽음 안에서 그리스도는 죄인을 대신해서 십자가에서 못 박히신 대리자이셨다. 마찬가지로 생명 안에서 그리스도께서 성도를 대신해서 사시는 대리자이시다." 이 말은 갈라디아서 2장 20절을 다시 해석하고 표현한 것으로 보인다. 어쨌든 그랜트는 영적 해방을 통해서 자아의 깨어짐을 경험하는 것이야말로 그리스도인의 삶을 사는데 절대적으로 필요한 과정이라고 강조했다.

존 넬슨 다비는 「당신은 진짜 새로운 피조물인가」라는 책에서, 나는 죽고 그리스도로 사는 삶에 들어가는 것은 "옛 창조에 속한 모든 것을 벗어버리고 새로운 피조물로 사는 기쁨" 속으로 들어가는 것이며, 이것이 바로 하나님의 은혜의 경륜 가운데 가장 숭고한 뜻이라고 했다.

그렇다면 거듭난 하나님의 자녀들이 겪는 자신 또는 다른 사람 속에 있는 악으로 인한 고통과 시련의 체험은 우리 영혼 속에 이 새로운 창조세계에 속한 능력을 소유하게 하고, 새로운 피조물에 속한 자로서의 삶을 영위할 수 있는 능력을 선물로 주시기 위한 하나님의 은혜의 섭리인 것이다.

4. 위대함으로의 초대

칩 잉그램(Chip Ingram)은 「위대함, 크리스천의 소명」이란 책에서 평범한 크리스천의 삶과 위대한 크리스천의 삶을 구별하는 적절한 증거로 여겨지는 '일정한 패턴'이 있다고 말했다. 그리고 그것은 "바로 당신이 십자가로 나아가 죽는 것"이라고 했다. 이렇게 십자가에서 죽어야만 하는 이유는 온갖 육신적인 모습으로 가득한 나는 죽고 그리스도께서 내 안에 사심으로써 "하나님만한 크기의 꿈"을 꾸게 하고 그 하나님만한 크기의 꿈을 오직 하나님께서 (물론 우리를 통하여) 성취하기 위한 것이라고 말했다. 이처럼 그리스도와 함께 십자가에서 죽음으로써 그리스도와 함께 살아나고 그리스도와 함께 하늘에 앉게 되는 연합의 진리를 발견한 사람들은, 평범한 삶을 청산하고 이후부터 위대한 삶으로 들어갈 수 있었다.

존 넬슨 다비는 회심 이후 전적으로 그리스도께 헌신된 삶을 살았으며, 그의 설교를 통해서 1주일에 500여 명씩 회심하는 역사가 있었다. 하지만 다비는 그것만으로 영혼의 안식과 만족을 누리지 못했다. 요한복음 14장에서 주님이 말씀하신 그리스도와의 연합의 진리, 즉 "그 날에는 내가 아버지 안에, 너희가 내 안에, 내가 너희 안에 있는 것을 너희가 알리라"는 말씀이 자기에게 이루어지길 간절히 소망했다. 하지만 하염없이 7년이 흐른 후, 말에서 떨어져 부상을 입고 모든 사역에서 물러나 6개월을 요양해야 하는 일이 일어났다. 다비는 그 6개월 동안을 오직 성경을 읽고 기도하는 시간으로 보냈다. 그러다가 마침내 자신의 전적인 무능력함을 철저히 인정하고, 자신을 십자가에 못 박음으로써 육신과 죄와 율법에서 해방되는 신령한 체험을 하게 되었다. 그야말로 로마서 7장 상태에서 벗어나 로마서 8장 상태로 들어간 것이다. 그렇게 영적 해방을 경험한 후 다시 설교를 시작했을 때, 영혼들을 단지 지옥에서 건지는 정도가 아니라, 그들의 영혼을 하늘로 승천시킴과 동시에 천상적인 존재로 변화시키는 대역사를 일으켰다. 이것은 기독교 역사상 초유의 일이었으며, 이를 기반으로 해서 플리머스 형제단 운동(Plymouth Brethren

Movement)이 전 세계적으로 확산될 수 있었다. 다비는 이후 영적 해방과 그리스도와의 연합이라고 하는 진리를 거듭난 사람이라면 누구나 경험할 수 있도록 체계적으로 정립하였고, 이처럼 보배로운 진리를 기독교 세계에 돌려주는 위업을 이루었다.

허드슨 테일러는 거룩함과 생명력과 능력을 몹시 갈망하면서 큰 고뇌 가운데 있었을 때, 한 그리스도인 친구가 보낸 편지를 통해서 그리스도와의 연합의 진리를 발견할 수 있었다. 포도나무와 가지에 대한 비유를 생각하면서, 포도나무는 뿌리만이 아니고 뿌리와 줄기, 가지와 잔가지, 잎사귀와 꽃 그리고 과일 등 모두를 가지고 있다는 사실을 통해서, 자신은 비록 지극히 작은 자이지만 그리스도의 몸의 일부이며 그분의 살과 뼈의 일부라는 것을 깨닫게 되었다. 그렇다면 아브라함의 하나님, 이삭의 하나님, 야곱의 하나님이 허드슨 테일러와 연합을 이룬 하나님이시며, 엘리야에게 능력을 공급하여 주시던 하나님의 일부가 그리스도의 몸 안에서 허드슨 테일러 자신이었던 것이었다. 부활 승천하신 그리스도와 참으로 하나가 되고 그리스도의 일부가 된다는 것은 이처럼 놀랍고 복된 것이다. 머리이신 그리스도는 부요하시고 몸된 성도는 가난할 수 있는가? 오른 손은 부자이고 왼손은 가난할 수 있는가? 진실로 그럴 순 없다. 머리이신 그리스도께서 능력으로 부활하시고 승천하셨으므로 그리스도와 연합을 이룬 성도들 또한 부활의 능력과 승천에 참여하고 있다. 무엇이든지 머리되신 그리스도를 위해, 하나님의 영광을 위해 사는 자는 그리스도와 연합한 새로운 자신(자아)을 발견하고 믿음의 안식을 누리게 되는 것이다. 이처럼 하늘에 계신 그리스도와의 연합의 진리를 발견한 허드슨 테일러는 당시 어느 누구도 꿈꾸지 못했던 중국 대륙을 품는 선교의 대약진을 이룰 수 있었다.

드와이트 무디는 초등학교 밖에 나오지 못했지만 플리머스 형제단에게서 그리스도와의 연합의 진리에 기초한 영성을 배웠고, 이후 영적인 무력증에 빠질 때마다 다시 십자가 앞에 서서 자신이 그리스도와 함께 죽고 함께 살아났다는 진리로 돌아갔을 때, 백만 명의 영혼들에게 복음을 전하는 위대한 복음전도자의 삶을 살 수 있었다. 오로지 기도와 믿음만으로 하나님이 4천 년 전과 마찬가지로 여전히 살아계신 하나님이라는 것을 나타냄으로써 하나님께 무관심한 세상에 하나님 역사의 실체를 보여주고 싶어 했던 조지 뮬러도 "십자가에서 죽는 체험"을 통과하기까지 그저 평범한 신자에 불과했다.

칩 잉그램은 이처럼 위대한 삶은 "깨어짐" 가운데 태어난다고 말했다. 깨어짐은 엄청난 위기가 닥쳐왔을 때 어찌할 수 없는 슬픔이나 탄식, 혹은 혼란으로 가득할 때 느끼는 무력감이다. 이러한 무력감에서 벗어나는 길은 "하나님과의 깊은 인격적 관계 안에서 깨진 심령으로, 하나님과 그분의 말씀을 절대적으로 진지하게 받아들이고 기도하는 것이며, 이렇게 하는 사람은 누구나 이 세상을 변화시킬 잠재력을 갖게 된다"고 말했다.

게다가 제임스 로슨(James G. Lawson)은 「위대한 그리스도인들은 어떻게 성령의 충만을 받았는가」라는 책에서 동일한 이야기를 한다. 로슨은 마담 귀용, 페넬롱, 조지 폭스, 존 웨슬리, 존 플레처, 프랜시스 리들리 해버갈, 아도니람 저드슨 고든 등 20명의 위대한 크리스천의 삶을 소개하면서, 그들의 영적인 고뇌와 이후에 위대한 삶으로 들어가는 '비밀'을 발견하게 된 경위 등을 자세히 언급하고 있다. 그리고 비밀을 발견하기 전 그들의 삶과 그들이 받은 복이 "그저 스쳐 지나가는 4월의 어렴풋한 빛에 불과했다면" 비밀을 발견한 후에 그들이 새로이 받은 삶과 복은 "여름의 찬란한 영광과 같다"고 표현했다.

그렇다면 위대한 삶을 살았던 사람들의 체험은 거의 같은 패턴을 보여주고 있음을 알 수 있다. 그들은 신앙 생활 초기에 예수 그리스도를 자신의 구주로 믿고 있지만 여전히 열매 없는 삶을 살며, 자신의 노력과 애씀으로 늘 더 좋은 방법만을 찾으려고 애쓴다. 하지만 자신의 노력으로는 아무 것도 할 수 없었다. 다만 로마서 7장 상태에 갇힌 채, "오호라 나는 곤고한 사람이로다 이 사망의 몸에서 누가 나를 건져내랴"(24절)는 탄식만을 할 뿐이다. 게다가 건강도 악화되고, 영적인 고뇌는 깊어만 간다. 마침내 십자가로 나아가 무기력하기만 한 자신(자아)를 못 박고, 마음 속 저 밑바닥 가장 깊숙한 곳에 내려가 진토만도 못한 자신의 누추함을 깨닫고, 마침내 영광 중에 계신 그리스도를 바라볼 때, 그야말로 '새로운 그리스도'를 만나게 되는 것이다. 그리고 그 그리스도께 마음으로 온전히 굴복하고, 나의 '전부'를 바칠 때 새로운 삶으로 들어갈 수 있었다. 나는 죽고 그리스도로 사는 삶이 시작되는 것이다.

존 기포드 벨렛(John Gifford Bellet, 1795-1864)는 「바울의 복음, 그리스도의 영광의 복음」이란 책에서 '나는 죽고 그리스도로 사는 삶'에 들어가는 사람들은, 새로운 피조물의 머리이신 그리스도와 연합을 이루는 사람들이며, 이러한 은혜의 역사는 이성의 작용에 의해서가 아니라 오직 성령님을 통해서 그리스도와의 연합의 진리를 배우는 사람이며, 이렇게 성령에 의해서 이 진리를 배운 사람들은 "도덕적 승격"을 경험하게 되고, 이후 "도덕적 함양"이 나타난다고 했다. 그리스도와의 연합의 진리는 그야말로 위대한 삶을 실현시켜주는 하나님 은혜의 선물인 것이다.

그렇다면 위대한 삶으로 들어가는 전형적인 패턴이 있는 것이다. 우선적으로 반드시 거듭남이 있어야 한다. 그래서 참된 회심과 회심 이후 영적 무기력, 건강 악화, 영적인 고뇌, 십자가로 나아가 그리스도와 함께 십자가에 못 박히는 체험, 그리고 나는 죽고 그리스도로 사는 삶의 시작 등이 위대한 삶으로 들어가는 전형적인 패턴인 것이다.

하나님은 우리를 위대한 삶으로 부르셨다. 거듭난 사람이라면 누구나 위대한 삶을 살며, 하나님만한 크기의 꿈을 꾸며, 이 세상을 하나님의 능력으로 변화시킬 수 있는 잠재력을 가지고 있다. 하지만 위대한 삶으로 들어가는 패턴을 알지 못하고 있다면, 위대한 삶을 살 수 있는 저력을 가지고 있음에도, 우리는 평범한 삶을 살아가야 하는 수치를 짊어질 수밖에 없다.

주님, 저는 출세를 위해 당신께 힘을 구했으나
당신은 순종을 배우도록 저에게 연약함을 주셨습니다.

주님, 저는 위대한 일을 하고자 건강을 원했으나
당신은 그보다 가치 있는 일을 하도록 저에게 병고를 주셨습니다.

주님, 저는 행복을 위해 부귀를 청했으나
당신은 지혜로운 자가 되도록 저에게 가난을 주셨습니다.

주님, 저는 만민으로부터 우러러 존경받는 자가 되려 명예를 구했으나
당신은 저를 비참하게 하시어 당신만을 의지하게 하셨습니다.

주님, 저는 제 자신의 삶의 즐거움을 위해 모든 것을 소유하고자 원했으나
당신은 모든 사람에게 즐거움을 주는 삶으로 인도해 주셨습니다.

주님, 비록 제가 당신께 기도한 것은 하나도 받지 못했다 하더라도
당신이 저에게 바라시는 모든 것을 주시었으니

주님, 참으로 감사를 드립니다.

- 무명인

결론

　악과 고통, 그리고 시련의 문제는 기독교인들을 난처하게 해왔다. 왜냐하면 무신론자들은 그것을 무기로 삼아 기독교를 집요하게 공격해왔기 때문이다. 하지만 이제 이 소책자를 통해 그것들은 쓸모없는 무기가 되었음을 알게 되었을 것이다. 하나님은 도덕적인 악에 대해 아무런 책임이 없으시다. 그것은 우리의 책임이다. 우리는 그에 대해 하나님께 불평할 수 없다. 오히려 우리는 하나님이 전적으로 선하시며 모든 주권을 가지신 분으로 알게 되었다. 하나님은 자기 백성을 악으로부터 건지시길 기뻐하신다. 하나님은 악에 대해 방관하지 않으신다. 하나님은 현재 악을 다루고 계신다. 우리는 그 사실을 잊어서는 안된다. 하나님은 곧 모든 악을 멸절시키실 것이다. 그렇기 때문에 모든 고통은 하나님의 뜻 안에서 의미가 있다.

그러므로 악과 고통의 존재는 하나님이 계시지 않는다는 증거가 아니라, 오히려 하나님이 계시다고 하는 강력한 증거이다. 고난과 고통의 경험을 통해 우리는 하나님을 간절히 찾게 된다. "이는 사람으로 하나님을 혹 더듬어 찾아 발견케 하려 하심이로되 그는 우리 각 사람에게서 멀리 떠나 계시지 아니하도다."(행 17:27) 우리 모두는 우리를 둘러싸고 있는 죄와 악으로부터 건짐 받기 위해서 우리의 모든 노력을 다할 뿐 아니라, 초자연적인 하나님의 역사를 간절히 기대할 필요가 있다. 그리스도인의 경우에는 우리가 받는 고난으로 말미암아 순종함을 배워서 온전케 되는 것을 더욱 경험적으로 알 필요가 있다. 이를 통해서 어린 자녀 상태에서 아들의 상태로, 그리스도 안에서 어린 아이 수준에서 그리스도의 장성한 분량이 충만한 데까지 이르게 될 것이다(엡 4:13). 이것이야말로 자기 자녀들을 향한 하나님의 뜻이다. 그러한 하나님의 뜻을 믿음으로 품는 사람은 그 어떤 악과 고통에 맞닥드린다 해도 그 모든 것을 넉넉히 이길 것이며, 그 결과 우리는 영적으로 온전함에 이르게 될 것이고, 이 모든 일에 우리를 사랑하시는 이로 말미암아 넉넉히 이기는 승리자들로 나타나게 될 것이다(롬 8:37).

우리가 고통을 통과하면서 선하신 하나님에 대한 우리의 확신과 용기를 더하게 되면, 고통은 우리를 향한 하나님의 은혜에 대한 강력한 증거가 된다. 우리는 그처럼 기이한 고난과 고통과 시련을 통과함으로써 하나님의 영광에 합당한 존재로 변화될 것이기 때문이다.

하나님은 우리를 위대한 삶을 살라고 그리스도 안에서 부르셨다. 위대한 삶으로 들어가는 길에 다소간 고난과 고통이 있는 것이 사실이지만, 우리는 우리를 사랑하시는 하나님의 그 크신 사랑과 은혜를 깨닫게 됨으로써 그 모든 시련이 우리를 그리스도와 온전히 하나됨을 이룬 사람들로 탄생시키는 산고임을 알게 될 때 하나님께 모든 감사와 찬송을 드릴 수 있다. 하나님께서만이 온전히 영광을 받으시기를...!

"깊도다 하나님의 지혜와 지식의 부요함이여, 그의 판단은 측량치 못할 것이며 그의 길은 찾지 못할 것이로다 누가 주의 마음을 알았느뇨 누가 그의 모사가 되었느뇨 누가 주께 먼저 드려서 갚으심을 받겠느뇨 이는 만물이 주에게서 나오고 주로 말미암고 주에게로 돌아감이라 영광이 그에게 세세에 있으리로다 아멘" (롬 11:33-36)

참고 문헌

Carson, D. A. How Long, O Lord?, Grand Rapids: Baker Book House Company, 1990.

Clarkson, Margaret. Destined For Glory, Grand Rapids: Wm. B. Eerdmans Publishing Co. 1983.

Brumfield, J. C. Comfort for Troubled Christians, Chicago: The Moody Bible Institute, 1961.

Elliot, Elisabeth, A Path Through Suffering, California: Regal, 1990.

Elwell, Walter A. "Why Evil?" in Evangelical Dictionary of Biblical Theology, 222, Michigan: Baker Books, 1996.

Evans, G. R. Augustine On Evil, Cambridge: Cambridge University Press, 1982.

Hicks, Peter. The Message of Evil & Suffering, Downers Grove: Inter Varsity Press, 2006.

Lewis, C. S. The Problem of Pain, New York: HarperSanFrancisco, 2001.

Marshall, I.H. "Evil," in New Bible Dictionary, ed. A.R. Millard, J.I. Paker, D.J. Wiseman, 348, Leicester: Inter-Varsity Press, 1996.

Peterson, Michael L. Editor. The Problem of Evil, Indiana: University of Notre Dame Press, 1992.

Sanday, W. and Headlam, A.C. The Epistle to the Romans, 5th ed. Edinburgh: T & T. Clark, 1902.

Stott, J. The message of Romans, Leicester: Inter Varsity Press, 1994.

Weil, Simone. Waiting for God, New York: Harper & Row, 1976.

김승철, 기독교 사상사를 통해서 본 악의 문제, 목회와 신학, 1992년 6월호.

다니엘 밀리오리, 이해를 추구하는 신앙, 한국장로교출판사, 1991.

무명의 형제, 무지의 구름, 강같은 평화, 2011.

십자가의 성요한, 어둔밤, 바오로딸, 2004.

알리스터 맥그라스, 생명으로 인도하는 다리, 서로사랑, 2013.

이종수, 사도라 불린 영적 거장들, 형제들의집, 2011.

윌리암 켈리, 해방의 체험, 형제들의집, 2008.

제임스 로슨, 위대한 그리스도인들은 어떻게 성령의 충만을 받았는가, 세복, 1998.

조안 D. 치티스터, 시련 그 특별한 은혜, 그루터기하우스, 2004.

존 기포드 벨렛, 바울의 복음 그리스도의 영광의 복음, 형제들의집, 2015.

존 넬슨 다비, 영적 해방의 실제, 형제들의집, 2012.

―――――, 당신은 진짜 새로운 피조물인가, 형제들의집, 2015.

캠벨 몰간, 욥과 그리스도(고난의 의미), 풍만, 1986.

폴 빌하이머, 인생의 고통, CLC, 2009.

―――――, 보좌를 향하여, 순전한 나드. 2012.

프레드릭 그랜트, 영적 해방이란 무엇인가, 형제들의집, 2012.

제 2부
시련의 가치

"인생은 즐거움이나 안락한 삶만을 위해서가 아니라, 연단과 훈련을 위해서 존재한다. 일시적인 가치가 아니라, 영원한 가치를 위해서 있으며, 또한 이 땅에서의 삶을 만족시키기 위한 것이 아니라, 하늘에서의 삶의 증진을 위해서 존재한다."

- 저드슨 엘리엇

부제: 하나님이 시련을 허락하시는 9가지 이유

"그토록 많은 사람들 가운데서
하나님이 진정 나를 돌보시는가?
특별한 사랑으로
모든 곳에 있는 사람들을 사랑하는 것이 가능한가?
나는 물었다.
나의 영혼은 이 질문에 대한 답을 얻기를 갈망했다.
그때 나를 사랑하사 자신을 희생하신
그리스도께서 말씀하셨다.
나는 하나님의 임재 그 깊은 곳으로
들어가는 길을 너에게 열어주었고,
또 거기서 너를 눈동자같이 지킨다.
이것이 나의 진정한 기쁨이다."

"여호와의 눈은 온 땅을 두루 감찰하사 전심으로 자기에게 향하는 자들을 위하여 능력을 베푸시느니라."(대하 16:9)

"인생은 즐거움이나 안락한 삶만을 위해서가 아니라, 연단과 훈련을 위해서 존재한다. 일시적인 가치가 아니라, 영원한 가치를 위해서 있으며, 또한 이 땅에서의 삶을 만족시키기 위한 것이 아니라, 하늘에서의 삶의 증진을 위해서 존재한다."

"고통을 겪는 것은 전우주적이고, 우리는 그 광대함 속에서 비틀거린다. 이 세상은 너무나 부당하고, 너무나 불만족스럽다. 인생은 너무나 짧고, 시간은 너무나 쏜살같이 지나간다. 그래서 이 땅에서의 삶은 마치, 인간의 행복이 완전히 실현되도록 하나님께서 의도하신 적이 없으신 것처럼 보인다."

그럼에도 그리스도께서 예비하신 하늘나라는 고통과 시련을 통해서, 성숙되고 온유해지는 과정을 거친 사람들이 들어가는 곳이다. 그렇게 우리는 이 땅에서 하늘나라의 영원한 삶을 준비해야 하는 것이다. 고통과 시련 속에는 그러한 하나님의 목적과 뜻이 있다. 따라서 모든 그리스도인은 거듭날 때부터 고난 받을 생득권을 가지고 태어난다. 희생양으로서의 그리스도는 고난을 통하여 온전해지셨고, 성경은 "그가 아들이시라도 받으신 고난으로 순종함을 배우셨다."(히 5:8)고 말한다. 우리는 반드시 그리스도의 자취를 따라야 한다. 하나님 아버지께서는 그에게 고난을 허락하셨을 뿐만 아니라, 일부러 고난을 겪도록 하셨다. 하나님께서 힘들게 하실 때 우리는 편한 길만을 찾으려고 하지 않는가? 가지치기를 통해서 열매가 맺히는 법이다.

"무릇 징계가 당시에는 즐거워 보이지 않고 슬퍼 보이나 후에 그로 말미암아 연단 받은 자들은 의와 평강의 열매를 맺느니라."(히 12:11)

바울은 환난 자체로 기뻐한 것이 아니라, 오히려 환난을 통해서 얻게 되는 인내(인내력 강화)와 연단(인격의 연마)과 소망으로 인해서 기뻐했다(롬 5:3,4). 바울은 고난이 은혜의 경륜을 이루는 것으로 이해했고, 따라서 그리스도의 고난에 함께 참여하길 간절히 갈망했다. 이처럼 놀라운 히브리서 12장에 담긴 권고에 주목하라. "경히 여기지 말라", "낙심하지 말라," "참으라." 어째서 그런가? 이는 하나님이 당신을 다루고 계시기 때문이다. 그대로 있으라. 그리고 그분이 하나님이신 것을 알라. 하나님께서 이 고난 속에서 당신을 붙들어주실 것이며, 이 고난을 통과하게 함으로써 비할 데 없는 아름다움과 강함을 주실 것이다. 이러한 은혜는 쉽고 편한 방법으로는 결코 얻을 수 있는 것이 아니다.

그리스도인에겐 극복해야할 많은 장애물이 있다. 거듭남은 그리스도인을 이 땅에서의 삶을 살아가는 동안, 영적 대적들이 판치는 세상 한복판으로 밀어 넣는다. 그리스도인은, 마치 늑대들 가운데 있는 양처럼 양육되어진다! 뿐만 아니라 약속된 땅은 영혼을 위협하는 대적들이 이미 차지하고 있다. "세상과 육신, 그리고 사단"은 끊임없이 그리스도인을 쓰러 뜨리고자 모든 것을 불사한다. 그리스도인은 세상에 사는 동안 각종 시험들을 견뎌내야 한다.

하지만 성령의 인도하심을 받으면 그 모든 시련들은 오히려 우리 영적인 삶에 절대적으로 필요한 힘을 더해주고, 다른 방법으로는 이루어질 수 없는, 우리 영혼의 조율과 거룩한 기질을 형성하게 해주는 거룩한 도구가 된다. 우리 영혼은 이 모든 영적 전투를 통하여서 활력을 얻고, 잘 훈련된 운동선수의 근육처럼 더 견고해지며, 더 탄탄해진다. 참나무의 뿌리가 바람과 폭풍을 맞으며 토양 속으로 더 깊숙이 자리를 잡는 것처럼, 그리스도인의 영혼도 또한 삶의 폭풍과 시련을 통해서 그리스도 안에 더 깊이 뿌리를 내리게 되며, 이 모든 일을 통해서 약함이 아니라 더욱 연하여진 부드러움을 겸비하게 된다.

성경은 시련이 그리스도인을 위하여 하나님이 예비하신 하나님의 계획의 일부라고 가르친다.

"아무도 이 여러 환난 중에 흔들리지 않게 하려 함이라 우리가 이것을 위하여 세움 받은 줄을 너희가 친히 알리라."(살전 3:3)

"이를 위하여 너희가 부르심을 입었으니 그리스도도 너희를 위하여 고난을 받으사 너희에게 본을 끼쳐 그 자취를 따라오게 하려 하셨느니라."(빌 2:21)

"그리스도를 위하여 너희에게 은혜를 주신 것은 다만 그를 믿을 뿐 아니라 또한 그를 위하여 고난도 받게 하려 하심이라."(빌 1:29)

"보라 내가 너를 연단하였으나 은처럼 하지 아니하고 너를 고난의 풀무에서 택하였노라."(사 48:10)

"고난 가운데 있는 영혼이여 조금만 참으라.
나는 그대의 울부짖음을 듣고 있다.
시련의 불꽃은 타오르겠으나,
나는 가까이에 있다.
나는 불순물이 완전히 제거된 정금이
나타나는 순간을 바라보고 있다.
그때에야 비로소 그대에게서 나의 형상이 나타날 것이다."

이 시대의 마지막 날에, 하나님은 큰 임무를 수행하고 계신다. 그것은 장차 자신의 자녀들이 신뢰와 책임감의 자리에 들어가도록 지금 그들을 준비시키는 일이다. 그리스도와 함께 통치하는 자리에 들어갈 준비가 되어 있는지를 하나님께서 시험하실 때에, 과연 하나님께서는 당신과 나를 신뢰하시고, 그 자리를 맡기실 수 있을까? 이처럼 중요한 시간에 우리는 하나님을 실망시키는 일이 있어서는 안될 것이다.

"오, 하나님, 나의 영혼에
그리스도의 형상이 나타나기 위해서는
과연 슬픔과 고통, 그리고 잃는 것 외에는 다른 길이 없나요?
정녕 십자가 외에는 다른 길이 없는 것인가요?

그러자 한 음성이 마치 갈릴리의 파도를 잠잠케 한 것처럼,
나의 영혼을 잠잠케 한다.
'만일 불꽃이 일어날지라도 내가 너와 함께 할 것이거늘,
너는 그 뜨거운 열기를 견디어 낼 수 없느냐?

나는 십자가를 졌고, 그 무게를 알고 있다.
나는 네가 마셔야 할 잔을 마셨건만,
너는 내가 인도하는 곳으로 따라올 수 없느냐?
나는 너에게 나의 팔에 기댈 만큼만 힘을 줄 것이다.'"

우리가 겪는 가장 힘든 시련들 중 몇 가지는 다른 사람의 죄와 실수로부터 온다. 하나님은 자신의 영광과 우리 영혼이 잘되는 것이 아니라면 우리의 삶 속에 단 하나의 시련도 허락지 않으실

것이다. 시련의 시간, 즉 다른 사람의 죄와 실수로 인하여 나에게 임한 그 시련은 나를 위한 하나님의 계획이다. 그렇기 때문에 바울은 시련 가운데서도 기뻐할 수 있었다. 왜냐하면 하나님께서 허락하신 일이기 때문이다. 또한 하나님께서 허락하신 모든 것은, 그것이 직접적이든 간접적이든, 나에게 가장 좋은 최선을 이루어줄 것으로 우리는 믿을 수 있다.

제멋대로인 아들을 둔 아버지가 슬퍼하지 않는다면 그는 아버지로서 사랑이 없는 사람일 것이다. 그럴진대 그리스도께서 우리에게 주시는 위로에는 슬픔이 제거되어 있지 않다. 그 보다 그리스도께서는 슬픔을 견디어내고 이길 수 있는 은혜를 주신다. 그리스도께서는 우리에게 고통이 제거된 평안을 주시지 않는다. 그리스도께서는 항상 평안을 누리셨지만, 그럼에도 슬퍼하셨고, 심지어 예루살렘을 향해 슬피 우셨다.

야고보는 이렇게 말했다. "너희가 여러 가지 시험을 만나거든 온전히 기쁘게 여기라."(약 1:2) 우리는 시험에서 빠져 나올 때 그것을 얼마나 큰 기쁨으로 생각하는가? 하지만 하나님께서는 오히려 우리가 시험에 빠질 때 담대히 하나님을 신뢰하는 자들에게 "말할 수 없는 영광스러운 즐거움으로 기뻐하게" 하시고, 또 하나님 은혜의 경이로움을 나타내실 기회로 생각하면서 기뻐하신다.

사랑하는 독자여, 어쩌면 당신은 시련의 시간을 보내고 있을 수도 있다. 만일 그렇다면 "온전히 기쁘게 여겨야" 하는 시간임을 잊지 말라. 물론 이렇게 하는 것이 대단한 의지만으로 되는 일은 아니다. 이 일은 우리 안에 계신 성령님께 굴복할 때에만 가능한 일이다. 오직 성령님만이 이 시련을 귀한 열매로 결실하게 하실 수 있다. 시련 속에 감춰진 하나님의 목적은 장차 나타날 가치를 통해서만 드러날 것이다. 그 가치들이 무엇인지 알아보려면, 우리는 하나님의 말씀을 상고해야 한다.

1. 하나님의 영광을 위하여

하나님께서 고된 시련 가운데 있는 우리를 붙잡아주시고, 마침내 시련을 통과하게 해주심으로써 승리하게 하실 때, 우리는 하나님을 찬양하게 된다. 그리스도께서는 우리를 구원하시고 그냥 고아처럼 내버려두지 않으신다. 구원 이후에도 계속해서 그리스도를 신뢰하게 하심으로써 시련을 견디게 하고, 또 그 모든 과정 가운데 하나님 자신이 나타나시고 또 은혜를 베푸시는 기회가 나타나도록 하심으로써 "우리로 하나님의 영광의 찬송이 되게 하고자"(엡 1:12) 일하신다.

2. 우리의 유익을 위하여

"우리가 잠시 받는 환난의 경한 것이 지극히 크고 영원한 영광의 중한 것을 우리에게 이루게 함이니 우리가 주목하는 것은 보이는 것이 아니요 보이지 않는 것이니 보이는 것은 잠깐이요 보이지 않는 것은 영원함이라." (고후 4:17-18)

"생각하건대 현재의 고난은 장차 우리에게 나타날 영광과 비교할 수 없도다." (롬 8:18)

"우리가 알거니와 하나님을 사랑하는 자 곧 그의 뜻대로 부르심을 입은 자들에게는 모든 것이 합력하여 선을 이루느니라." (롬 8:28)

"고난 당하기 전에는 내가 그릇 행하였더니 이제는 주의 말씀을 지키나이다…고난당한 것이 내게 유익이라 이로 말미암아 내가 주의 율례들을 배우게 되었나이다…여호와여 내가 알거니와 주의 심판은 의로우시고 주께서 나를 괴롭게 하심은 성실하심 때문이니이다." (시 119:67,71,75)

당신을 너무나 힘들게 압박하고 있는 상황들은, 만일 당신이 그리스도께 항복하기만 한다면, 영원한 나라를 위해 당신을 섬세하게 조각하기 위하여 하나님의 손에 들린 최상의 깎는 도구일 뿐이다. 하나님을 신뢰하라. 하나님이 만들어내실 걸작품의 결말을 보지 못하는 일이 없도록, 당신을 깎아내는 하나님의 도구를 밀쳐내지 말라.

"이는 주께서 영원하도록 버리지 아니하실 것임이며 그가 비록 근심하게 하시나 그의 풍부한 인자하심에 따라 긍휼히 여기실 것임이라. 주께서 인생으로 고생하게 하시며 근심하게 하심은 본심이 아니시로다."(애 3:31-33)

이 땅 위의 모든 악은 죄로 인해 물들고 타락한 이 땅에서 자연스럽게 나타나는 결과라는 사실을 마음에 새기라. "그러므로 한 사람으로 말미암아 죄가 세상에 들어오고 죄로 말미암아 사망이 들어왔나니 이와 같이 모든 사람이 죄를 지었으므로 사망이 모든 사람에게 이르렀느니라."(롬 5:12) 죄가 들어오기 전의 에덴동산의 상태는 하나님께서 만드신 이상적인 세상이었다. 그렇다면, 사탄과 죄는 이 땅 위에 있는 모든 슬픔들에 대해서 책임이 있다.

하나님께서 창세기 3장 16-17절 "또 여자에게 이르시되 내가 네게 잉태하는 고통(sorrow)을 크게 더하리니 네가 수고(sorrow)하고 자식을 낳을 것이며 너는 남편을 사모하고 남편은 너를 다스릴 것이니라 아담에게 이르시되 네가 네 아내의 말을 듣고 내가 너더러 먹지 말라 한 나무 실과를 먹었은즉 땅은 너로 인하여 저주를 받고 너는 종신토록 수고(sorrow)하여야 그 소산을 먹으리라"고 말씀하신 구절에는 처음으로 고통(슬픔)을 언급하고 있다. 세 번씩이나 언급하신 "고통(sorrow)"은 죄로 인한 끔찍한 결과였다. 오, 끊임없이 방해하는 사탄의 역사를 항상 우리의 유익을 위한 것으로 변하게 하시는 하나님께 우리는 어찌 찬양을 올려 드려야 하는가. 하나님은 어찌나 우리를 위로하고자 애를 쓰시는지 모른다! 이러한 "위로"는, 우리의 마음에 하나님의 위안을 부어주기를 원하시는 성령님에 의해서 우리에게 이루어지는 마음의 상태이다. 슬프게도, 자아중심의 삶을 살고 싶은 우리는 그저 자기 방식대로 살아가고자 애쓰면서, 종종 보혜사 성령님께 굴복하기를 거절한다. 우리 속에 있는 자아는, 육신이 살아서 활개를 치고 또 그 정욕을 만족시키기를 원한다. 우리 속에 있는 그리스도께서는 육신이 십자가에 못 박혀 죽는 것을 원하신다. 그리고 그렇게 하기 위한 하나님의 단 한 가지 방법은 시련이 우리에게 임하는 것을 허락하시는 것이다.

어떤 성도들은 상당히 고집스럽고, 인내심이 없으며, 이기적이어서, 그들을 영광에 이르도록 준비시키려면 오랜 세월 훈련이 필요하다. 성도가 되는 것과 성도다운 성도가 되는 것은 별개의 사안이다. 우리는 거듭남을 통해서 성도가 되고, 시련들을 인내로 견뎌냄으로써 성도다운 성도가 된다. 모든 시련은 인격을 정련하고 또 연단하는 시험이며, 그리스도의 학교에서 필수 과정이다. 게다가 시련은, 학교 시험이 학생들이 얼마나 공부했는지 드러내주는 것과 같이, 시련을 받는 사람의 성품의 강점 또는 약점을 드러내준다. 그리스도인에게 시련은 처벌이 아니라 훈련이다. 이는 섬기는 삶을 사는데 필요한 모든 것을 갖추게 함으로써 가장 큰 그릇이 될 수 있도록, 자신의 자녀에게 가장 좋은 것이 무엇인지 알고 계시는 하나님 아버지의 방법이다. 우리의 영적 성장은 하나님의 가장 큰 관심사이다. 의외로 많은 그리스도인들이 무의식적으로 영적인 성장이 아니라, 세상의 일시적인 것들에 몰두하곤 한다. 그러한 위험을 보고 계시는 하나님께서는 그들을 사역 또는 일에서 제외되는 고통을 허락하신다. 그래서 그들은 비로소 영원한 것들을 묵상할 시간을 가지게 된다. 세상의 일시적인 것들을 끊임없이 접촉하다보면 영적인 인식이 무뎌지게 된다. 바삐 돌아가는 우리 삶에 빨간 불이 켜지게 되면, 사실 조용한 묵상의 시간이 필요하다. 그리하면 그동안 무시해왔던 깊은 내면의 질문들과 그동안 부인해왔던 높은 부르심을 비로소 보고 들을 수 있게 된다.

고통을 하나님의 영광을 위해 그분이 허락하신 것으로, 또는 하나님에 대한 전적인 신뢰 가운데 겸허히 받아들일 수 있을 만큼 우리가 성장했을 때, 그 시련은 목적을 달성하게 되고, 대개는 제거된다. 반면 그 시련들로 인해 우리가 너무나 오랫동안 괴로워하고 고통스러워 한다면, 그 시련의 목적은 달성되지 못한다. 자기 자녀를 훈육하는 일에 부모가 신실하다면, 그 부모는 자녀가 그 시련으로부터 교훈을 얻기까지 훈육을 멈추지 않을 것이다. 하늘의 아버지께서 우리를 다루시는 것도 동일하다. 만일 우리가 하나님의 손 안 아래서 순종하는 법을 배우고, 그분의 뜻에 즉각적으로 순복하는 것을 배운다면, 우리는 얼마나 빨리 성장할 것인가. 그리고 얼마나 빨리 하나님과 인격적인 영적 교감을 나누고 교제를 하는 단계에까지 이를 수 있을 것인가. 우리가 어린아이 상태에 너무 오래 머무르는 것은 하나님을 슬프게 하는 일이 분명하기 때문에, 하나님은 자신의 놀라운 비밀들을 우리에게 보여주실 수 있는 교제의 단계에까지 우리를 끌어올리시기를 너무나 바라시기 때문에, 우리를 훈련하는 일을 시작하지 않으실 수 없다. "정직하게 행하는 자에게 좋은 것을 아끼지 아니하실 것임이니이다."(시 84:11) 하지만 우리는 좋은 것을 건강, 돈, 편하고 안락한 삶으로 생각한다. 하지만 하나님은 시련과 고난을 겪는 것을 더 좋은 것으로 보신다. 그렇다면, 신실하신 하나님은 우리에게 시련을 허락하실 것이며, 그 시련을 통해서 우리의 영원한 삶을 윤택하게 하는 소중한 교훈을 가르치는 일을 시작하실 것이다.

"과거를 돌이켜보면,
나에겐 많은 슬픔과 고통스러운 일이 일어났으며,
그때에 나는 버림받은 것 같았다.
하지만 그 모든 고통이 끝났을 때
전보다 더 부유해진 나를 볼 수 있었다.

오랜 시간 상처와 아픔 속에서
고통스러운 시간을 보내야 했다.
이제 세상을 볼 때,
더 넓은 마음과 더 여유로운 방식으로
세상을 보는 나를 볼 수 있었다.

쾌락만으로는 사람다운 사람을 만들지 못한다.
인생은 더 철저한 계획을 요구한다.
시련을 겪어보지 않은 사람은
우리의 삶을 더 풍성하게 해줄 인내와 관용을 알지 못한다."

3. 하나님 은혜의 충분성을 입증하기 위하여

"그가 시험을 받아 고난을 당하셨은즉 시험 받는 자들을 능히 도우실 수 있느니라."(히 2:18)

사도 바울은 세 번씩이나 자신 속에 있는 육체의 "가시"를 제거해달라고 기도했지만, 그리스도께서는 "내 은혜가 네게 족하도다 이는 내 능력이 약한 데서 온전하여짐이라"고 대답하셨고, 바울은 "도리어 크게 기뻐함으로 나의 여러 약한 것들에 대하여 자랑하리니 이는 그리스도의 능력이 내게 머물게 하려 함이라."

(고후 12:9)고 말했다. 바울의 "가시"가 무엇이었는지 언급되진 않았지만, 어쨌든 그리스도의 은혜는 우리에게 임하게 될 그 어떠한 시련들에도 다 적용된다. 바울의 전 인생은 고난의 연속이었지만, 그는 늘 승리하는 삶을 살았다. 어째서 그런가? 바울의 용기 있는 답변을 들어보자.

> "또한 모든 것을 해로 여김은 내 주 그리스도 예수를 아는 지식이 가장 고상하기 때문이라. 내가 그를 위하여 모든 것을 잃어버리고 배설물로 여김은 그리스도를 얻고 그 안에서 발견되려 함이니 내가 가진 의는 율법에서 난 것이 아니요 오직 그리스도를 믿음으로 말미암은 것이니 곧 믿음으로 하나님께로부터 난 의라. 내가 그리스도와 그 부활의 권능과 그 고난에 참여함을 알고자 하여"(빌 3:8-10)

그리스도께서는 우리가 시련과 고통 없는 삶을 살게 될 것이라고 약속하신 적은 없지만, 우리를 고아처럼 내버려두지 않으실 것이라는 약속은 분명히 하셨다. 그리스도께서는 우리를 훈련시켜서 그 어떠한 일에도 움츠러들지 않고 도리어 강하고 담대한 영을 갖기를 바라신다. 그렇게 함으로써 그리스도께서는 우리가 처한 시련을 초월하여 살 수 있는 은혜를 주시고, 시련 가운데서도 우리에게 승리를 주실 수 있는 분이심을 입증하기를 바라신다.

로마를 향해 가는 바울의 위대한 선교여행을 보면서, 어떤 사람들은 바울이 폭풍우와 대적하는 자들을 초월하는 강력한 섭리에 의해 가게 된 것이라고 생각할지도 모른다. 하지만 그와는 반대로, 바울의 여정은 유대인들의 박해와 거친 파도, 맹독을 가진 뱀에게 물리고, 또 세상과 지옥의 모든 권세를 뚫고 지나가야만 했던 길고도 험난했던 투쟁의 여정이었다. 마침내 바울은 간신히 목숨을 건지게 되었고, 부서진 판자 조각에 의지해서 해변까지 헤엄쳐 나올 수 있었다. 그럼에도 하나님은 여전히 바울을 인도하셨다. 바울이 예수 그리스도를 마음에 영접한 즉시, 혹독한 투쟁이 시작되었지만, 그 모든 일을 통해서 바울은 하나님께서는 종종 성공뿐만 아니라 장애물을 통해서도 인도하시며, 그 가운데서 항상 신실하게 지키고 보호하시는 하나님이심을 증명했다.

"하나님은 신실하시다.
전에만 그랬던 것도 아니고,
앞으로 그럴 것이라는 것도 아니다.
사실은 두 가지 모두가 맞다.
하지만 오늘 이처럼 쓰라린 시련을 겪고 있는 당신에겐,
하나님이 지금 신실하신 분이라는 사실을 잊지 말라."

현재 하나님이 신실하신 분이란 사실은 참으로 아름다울 뿐만

아니라 우리에게 위안을 준다. 만일 우리가 어두운 시기를 겪고 있다면, 이 사실을 온전히 믿는다는 것은 여간 어려운 일이 아니다. 그럼에도 "시련은 변장하고 오는 하나님의 축복"임을 잊지 말자. 오, 시편 46편 1절을 실제로 경험한다는 것은 얼마나 복된 일인가? "하나님은 우리의 피난처시요 힘이시니 환난 중에 만날 큰 도움이시라." 다음에 나오는 시는 이 생각을 아름답게 잘 표현하고 있다.

"주님은 지금도 나를 돕고 계시네. 이 순간에도.
내가 그것을 직접 보거나 들을 순 없지만,
어쩌면 멀리 있는 한 친구를 통해서,
어쩌면 근처의 한 낯선 사람을 통해서,
어쩌면 들려진 메시지를 통해서,
어쩌면 책을 읽는 것을 통해서:
내가 알거나 알지 못하는 다양한 방법으로,
내게는 주님의 도우심이 있네.

주님은 지금도 나를 지키고 계시네. 이 순간에도.
나는 최대한으로 많은 것을 필요로 하지만;
어쩌면 한 천사에 의해서,
어쩌면 한 강력한 천사군단에 의해서,
어쩌면 나를 옭죄는 사슬을 통해서,

또는 나를 잡아 가둔 벽에 의해서.
내가 알거나 알지 못하는 다양한 방법으로,
주님은 나에게 왕관을 씌어주고자 도우시네.

주님은 지금도 나를 인도하시네. 이 순간에도.
쉬운 길로 때론 어려운 길로,
어쩌면 넓게 열린 문을 통해서,
어쩌면 걸어 잠군 문을 통해서,
어쩌면 기쁨을 유보함으로,
어쩌면 기쁨을 즉시 맛보도록 함으로,
내가 알거나 알지 못하는 다양한 방법으로,
주님은 나로 천국에 이르기까지 인도하신다네."

하나님의 사랑스러운 자녀들 가운데 참으로 많은 사람들이 이처럼 귀한 순간순간 하나님의 은혜를 경험하고 있지 못하다. 그들은 그들 속에 거하시는 성령님께 완전히 굴복하고 있지 않기에, 하나님의 뜻보다는 자신의 뜻을 행하기를 원한다. 이것은 십자가 지기를 거부하는 것이며, 그 결과 영혼의 안식과 평강을 누리지 못한다. 사탄은 이러한 태도를 이용해서, 온갖 의심과 의문에 빠지게 한다. 오, 우리에겐 고린도후서 11장 3절에서 말하고 있는, 성령의 경고에 귀를 기울이고, 우리의 생각을 지키는 것이 얼마나 필요한지 모른다. "뱀이 그 간계로 하와를 미혹한 것 같이 너희 마음이 그리스도를 향하는 진실함과 깨끗함에서 떠나 부패할까 두려워하노라." 만일 우리가 사탄의 간교한 불신적인 생각을 받아들임으로써, 우리를 다루시는 하나님의 사랑과 지혜를 의심한다면, 우리는 주님을 슬프시게 만들 것이며, 하나님의 풍성한 은혜를 맛보지 못할 것이며, 주님에 대하여 잘못된 생각을 받아들임으로써 절망과 고통 속으로 빠져들 것이다. 오, 이 모든 것들을 피하도록 하자.

"눈먼 불신은 분명 하나님을 오해한 결과이며,
하나님의 일을 헛것으로 만든다.
하나님은 모든 일의 해석자이시니,
모든 일을 밝히실 것이다."

하나님이 허락하신 뜻에 기쁘게 승복하는 자는 아무리 힘들고 쓰라린 경험을 통과할지라도 아무런 상처도 입지 않은 채 통과할 수 있는 형언할 수 없는 평안과 은혜를 맛볼 것이다. 욥기 1장 6-22절을 보면, 우리는 하나님께서 하나님 은혜의 충분성을 입증하시는 것을 본다. 사탄은 욥을 최대한 고통스럽게 시험하도록 허락을 받았다. 욥이 소유했던 모든 것들, 즉 가족, 건강, 재물, 부 등이 다 사라질 때까지 더욱 극심한 재앙이 연이어 임했다. 그럼에도 욥은 이렇게 외쳤다. "주신 이도 여호와시요 거두신 이도 여호와시오니 여호와의 이름이 찬송을 받으실지니이다."(21

절) 그리고 나서 욥은 땅에 엎드려 경배했다. 이처럼 최악의 상황 아래에서 당신이나 나는 걱정을 앞세우지 않았을까? 하지만 "이 모든 일에 욥이 범죄하지 아니하고 하나님을 향하여 원망하지 아니하니라."(22절)

"주님은 모든 것을 아시고, 우리를 사랑하시며, 돌보신다.
그 어느 것도 이 진리를 흐리게 하지 못한다.
오직 주님의 날개 아래 거하는 사람들에게
모든 것이 합력하여 선을 이루게 하신다."

만일 우리가 우리의 슬픔과 손실에 마음을 쓰는 대신 오로지 하나님의 뜻에 굴복하며, 능력을 주시도록 하나님을 바라보기만 한다면, 하나님께서는 우리가 사랑하던 사람들을 잃은 슬픔을 넉넉히 이길 수 있는 은혜의 충분성을 참으로 경이로운 방법으로 나타내실 것이다. "죽음은 눈에 보이지 않도록 할 뿐, 영원히 헤어지게 하는 것은 아니다."

죽음은 이 땅에서만 영향을 미칠 뿐이다. 영생의 삶은 죽음 너머에서 새로 시작된다. 그리스도인에게 죽음은 하늘나라의 삶으로 들어가는 관문이며, 이 세상의 제약과 한계에서 벗어나 하늘의 영광 속으로 들어가는 복된 자유의 경험인 것이다. 우리 영혼의 정체성은 변함없이 유지될 것이지만, 더 이상 육체적인 한계는 없을 것이다. 그렇다면 어째서 근심하며, 위로받기를 거절할 이유가 무언가? "거할 곳이 많은" 아버지 집에서 다시 만나게 될 그 날까지 기껏해야 며칠 아니면 몇 년이 걸릴 뿐이다.

"전쟁의 상흔을 가진 영적 군사로서
승리의 면류관을 받을 터인데,
우리는 어째서 근심하는가?
싸움과 씨름을 마치고 안식에 들어간 사람을 위해
우리는 어째서 근심하는가?
사망의 손가락이 눈꺼풀을 눌러 잠자게 했지만,
침상에서 하늘나라가 열리고
더 이상 슬픔도 눈물도 없는 천상 세계에 들어가게 했는데,
우리는 어째서 우는가?
곧 영광의 나라에서
주님이 친히 강림하실 것이며,
호령과 천사장의 소리로
사랑하는 친구들을 불러 모을 것이며,
눈물 없고, 고통 없고, 죄 없는 곳.
하나님이 친히 말씀으로 약속하신 곳.
그곳에서 먼저 간 사랑하는 사람들을 만날 것이며,
이 후로는 주님과 영원히 함께 하리라."

흙집이 어찌되던지, 집주인은 안전하다. 사랑하는 사람들이 본향을 향해 간 것을 우리가 가슴아파하고 애통해하는 이유는 사실 우리가 슬픔을 통해서 이기적인 마음을 충족시키고자 하기 때문이다. 우리는 그들을 사랑하지만, 또한 그들을 우리 곁에 묶어두고 싶어 한다. 그들의 사정보다는 우리 자신의 사정을 더 생각하는 것이다. 만일 우리가 하늘나라를 바라보고, 예수님과 및 우리 혀로 다 표현할 수조차 없는 영광을 볼 수만 있다면, 우리 자신의 슬픔과 상실감은 덜 생각하고, 그들의 기쁨과 안전은 더 많이 생각할 것이다. 그렇다면 우리는 슬픔 가운데서도 기뻐할 수 있다. "근심하는 자 같으나 항상 기뻐하는"(고후 6:10) 사람이 될 수 있는 것이다.

무덤을 내려다보는 것이 아니라 하늘을 우러러 볼 때, 이별을 생각하는 것이 아니라 다시 만날 것을 생각할 때, 잃어버린 것이 아니라 주님 품에 안긴 것을 생각할 때, 떠나간 것이 아니라 도착한 것으로 생각할 때, 지상에 빈 공간이 생긴 것이 아니라 하늘나라의 빈 공간을 채운 것으로 생각할 때, 우리는 하나님을 찬송할 수 있다.

그 사랑하는 사람들이 우리의 시야에서 벗어나 그리스도의 임재 속으로 들어갔지만, 장차 우리도 영광 속으로 들어가게 될 때 우리를 그곳에서 환영해줄 것이다. 나는 이 사실을 누구보다 확신한다. 지난 36년 동안 함께 동역했던 사랑하는 나의 동역자가 주님께로 갔다. 그러한 슬픔을 경험해보지 않은 사람은 결코 그 외로움과 슬픔을 이해할 수 없을 것이다. 하지만 나는 그러한 슬픔에 매몰되지 않았고, 그가 지금은 하늘나라의 경이로움과 완전함을 누리고 있을 것을 생각하면서 기뻐할 수 있었다. 하나님의 은혜가 깊은 슬픔 속에 있는 나의 영혼으로 하여금 "내 원대로 마시옵고 아버지의 원대로 되기를 원하나이다"라고 말할 수 있게 했다. 하나님의 뜻이야말로 세상에 있는 하나님의 자녀들에겐 가장 소중한 것이다. 우리가 우리의 뜻이 아니라 하나님의 뜻이 이루어지는 것을 기뻐하고 신뢰하고 또 순종하면서 살아갈 때, 하나님은 우리의 영혼을 "모든 지각에 뛰어난 하나님의 평강"(빌 4:7)으로 채우시며, "말할 수 없는 영광스러운 즐거움"(벧전 1:8)으로 기뻐하게 해주신다. 그리고 나는 하나님의 은혜가 모든 일을 참으로 복되게 충족시키는 것을 볼 수 있었다. 재삼재사 나는 "하나님 은혜의 풍성함"을 맛볼 수 있었다. 사실 극심한 시련의 시기를 겪기 전까지 나는 혼자였다. 하지만 시련과 고통의 시기를 지날 때에는 혼자가 아니었고, "하나님 은혜의 지극히 풍성함"을 맛볼 수 있었다.

사랑하는 독자여, 만일 그대가 사랑하는 사람 가운데 하늘 본향으로 떠나 보낸 사람이 있다면 소망 없는 사람들처럼 눈물과 슬픔으로 지낼 것이 아니라, 하늘을 올려다보라. "주께서 호령과 천사장의 소리와 하나님의 나팔 소리로 친히 하늘로부터 강림하시리니 그리스도 안에서 죽은 자들이 먼저 일어나고 그 후에 우리 살아 남은 자들도 그들과 함께 구름 속으로 끌어 올려 공중에서 주를 영접하게 하시리니 그리하여 우리가 항상 주와 함께 있으리라 그러므로 이러한 말로 서로 위로하라."(살전 4:16-18) 아, 주님께서 오실 때 당신이 사랑하는 사람들과 함께 오신다는 사실을 당신 마음의 위안으로 삼으라. 하나님의 말씀은, 우리 영혼의 구원을 위해서 그리스도의 보배로운 피를 신뢰하고 죽은 사람들은 즉시 주님과 함께 하게 될 것으로 가르치고 있다. 고린도후서 5장 6절에서 사도 바울은 "우리가 몸으로 있을 때에는 주와 따로 있는 줄을 아노니"라고 말했다. 그리고 8절에서 "우리가 담대하여 원하는 바는 차라리 몸을 떠나 주와 함께 있는 그것이라"고 말했다. 빌립보서 1장 23절에서 사도 바울은 "차라리 세상을 떠나서 그리스도와 함께 있는 것이 훨씬 더 좋은 일이라 그렇게 하고 싶으나"라고 말했다. 데살로니가전서 5장 10절에서 그는 "깨어 있든지 자든지 자기와 함께 살게 하려 하셨느니라"고 말했다. 십자가에서 죽어가는 강도에게 주 예수님께서는 "오늘 네가 나와 함께 낙원에 있으리라"(눅 23:43)고 말씀하셨다. 나는 아들의 비극적인 죽음을 맞이하고도, 자기 아들은 그리스도의 임재 속으로 들어간 것으로 믿고 있으며, 그 사실로 큰 위안을 삼았던 한 엄마를 생각한다. 왜냐하면 그 아들은 그리스도를 믿고 숨을 거두었기 때문이다.

어떤 풍성한 은혜의 체험이나 가장 은혜로운 축복은 가장 큰 비극적인 사건을 통해서 잉태되곤 한다. 하나님의 은혜가 엄청난 슬픔을 겪고 있는 사람들을 위안하고, 그들을 다시 일으키는 것을 보는 것은 참으로 경이로운 일이다. 그러한 거룩한 도움은 오로지 하나님과 및 하나님의 지극히 크고 보배로운 약속의 말씀에서 나온다. 하나님을 온전히 신뢰하고 순복하는 자녀들만이 가장 어두운 인생의 시기와 가장 극심한 시련의 시간 속에서도 자신의 삶을 영광스럽게 변화시키기에 충분한 하나님의 은혜를 발견한다. 하나님의 은혜는 가장 고통스러운 슬픔조차도 지극히 경이로운 복으로 바꿀 수 있기 때문이다.

"우리는 결코 그처럼 많은 사람들이 겪는 삶의 시련과 비극의 의미를 다 설명할 수 없다. 하나님의 방식만이 항상 출구를 찾아낸다. 우리는 하나님의 모든 계획과 목적을 알 수 없으며, 어째서 하나님이 우리 삶에 그토록 많은 사건들이 일어나도록 허락하셨는지 모른다. 만일 우리가 다른 길을 선택했더라면 모든 일이 잘 풀렸을 것이라고 말하는 것은 잘못된 생각이다. 우리가 비록 다른 길을 선택했을지라도, 과연 우리 인생이 어떻게 풀렸을 것인지 우리는 결코 알 수 없기 때문이다. 그 끝은 오히려 더 슬프고 비극적인 결말을 맞이할 수도 있다. 긍휼에 풍성하신 하나님께서는 우리가 형언할 수 없이 행복한 결말에 이르는 길을 선택하도록 인도하신다. 우리는 왜 하나님께서 우리를 슬픔과 고통의 길로 이끄셨는지 이해할 수 없을지라도, 우리의 삶과 우리가 사랑하는 사람들을 그분의 손에 맡기고, 항상 하나님의 뜻을 행하고 또 결과는 하나님께 맡기는 것으로 만족할 필요가 있다."

하나님만이 모든 것을 아신다. 따라서 만일 우리가 영혼의 안식과 평안에 이르는 길을 걷고자 한다면, 우리는 반드시 하나님의 지혜와 사랑을 믿고 신뢰해야 한다. 그리고 우리가 사랑하는 사람들을 의로우신 하나님의 손에 맡겨야 한다. 하나님은 모든 일을 절대적으로 바르게 행하실 것이다. 여러분에게 간청하건대, 하나님께서 은혜롭게도 우리의 눈을 가려서 보지 못하도록 하신 미래를, 강신술, 영매, 집단최면 강령회 등의 방법을 통해서 엿보려고 하지 말라. 그 모든 것들은 상심한 마음을 가진 사람들의 영혼을 이용하고 또 "할 수만 있으면 택하신 자들도 미혹하기" 위한 사탄의 도구일 뿐이다. 하나님의 말씀은 그러한 모든 영적 기만술을 배척하고 있다. (레위기 19:31, 20:6, 신명기 18:10-11, 이사야 8:19-20, 역대상 10:13-14을 보라.)

만일 당신이 하나님의 자녀라면 하나님의 뜻에 순복하라. 그리하면 슬픔과 고통 가운데 있는 당신을 굳게 붙들어주기에 충분한 하나님의 은혜를 발견하게 될 것이다. 한 나이 많은 여성도가 시료 병동에서 암으로 죽어가고 있었다. 그녀는 자신을 문병오는 모든 구원받지 않은 사람들에게 그리스도를 전함으로써 그 영혼들을 구령하는 일에 하나님께 쓰임을 받았다. 그녀가 겪는 고통은 참으로 극심했고, 밤에 잠을 잘 수가 없을 정도였다. 하지만 그녀는 항상 주 안에서 행복했고, 주님이 주시는 평안과 주님의 임재와 은혜를 맛보며 주님을 찬양했다. 부유하고 세련된 한 젊은 여성이 그녀를 방문했다. 그녀는 자기 할머니가 극도의 고통을 겪고 있으면서도, 기뻐하며 또 하나님을 찬양하고, 게다가 하나님을 위하여 고통 받는 영예를 자신에게 허락해주신 하나님의 사랑과 선하심을 찬송하는 모습을 지켜보았다. 그 젊은 여성은 자신이 신뢰하고 있는 그리스도인 친구에게 가서 울음을 터뜨리며 말했다. "날 위해 기도해주세요. 우리 할머니는 내가 갖고 있지 않은 걸 갖고 계신데 나도 그걸 얻고 싶어요." 그녀는 그 자리에서 즉시 구원을 받았다.

이제 그 사랑스러운 노성도가 불평을 토하면서, 왜 하나님이 자신에게 고난을 주셨는지 이해할 수 없다며 투덜거리는 모습을 상상해보자. 과연 그녀는 그 구원 받지 않은 손녀에게 그리스도께서 자신을 신뢰하는 자녀를 통해서 무슨 일을 하실 수 있는지를 증명하는 일을 했을까? 결코 그럴 수 없다.

정련하는 불이 찌끼를 제거했고, 그녀는 영광에 합당하게 변화되었다고 나는 믿는다. 하지만 하나님께서는 그녀로 하여금 더 오래 (고통 가운데서) 세상에 머무는 특권을 허락하셨고, 과연 하나님의 붙드시는 은혜가 자신의 자녀를 통하여 무슨 일을 할 수 있는지를 입증하셨다. 비록 고통을 견디는 아픔이 있었지만, 영광스러운 승리를 안겨주셨던 것이다.

그리스도 안에서 하나님의 거저 주시는 은혜가 우리를 구원하고, 사랑하는 사람을 잃은 상실감에서 우리를 붙들어주며, 육체적인 고통에서 우리를 건져준다. 게다가 은혜를 주시는 하나님만이 우리를 온화하고, 부드럽고, 사랑스럽게 해주며, 인내하게 하고 또 삶에서 겪는 견딜 수 없고 화나게 하는 일들 가운데서도 용서할 줄 알게 하고 또 상처받지 않게 하실 수 있다.

"우리의 삶 속에는 어렵고 힘든 일이 넘쳐나고, 걱정거리가 떠나지 않으며, 분쟁과 자기 자신을 부인해야 하는 일이 늘 있게 마련이다. 사람들은 종종 극심한 시련 가운데로 들어가게 되며, 부조리를 견뎌야 하고, 다른 사람들의 손에 의해서 조장된 정의롭지 못한 상황을 극복해야만 한다. 사람들은 이 과정을 승리로 이겨내지 못할 수도 있다. 그들은 삶의 전쟁에서 부상당하고, 그 짐에 눌려 산산이 깨어지기도 한다. 그들은 심히 상처받고 깨어진 영혼의 상태로, 그저 노예처럼 일에 매달려 자신의 의무를 다하고자 한다."

이러한 상태에 있는 사람들은 자신이 무시나 홀대를 받는다고 생각할 때마다 분개를 한다. 이들은 점점 공격적으로 변하고, 쉽게 화를 내며, 매몰찬 생각과 몰인정한 언행을 한다. 이렇게 함으로써 그들은 죄를 짓게 되며 가늠할 수 없는 상처를 받게 된다. 여기서 가장 슬픈 부분은 자기 자신이 가해자란 사실이다. 버나드(Bernard)는 이렇게 말했다. "나 자신 외에 나에게 진정으로 상처 줄 수 있는 존재는 없다. 내가 겪고 있는 내면의 상처는 나로 인한 것이고, 나 자신의 과실 때문에 스스로 고통을 받는 것이다."

그리스도께서는 제자들이 악에 빠지지 않고 보존되기를 기도하셨다. 하지만 한번도 시련이나 고난, 상실과 고통에서 면제해 달라고 기도 하신적은 없으셨다. 만일 우리가 하나님 앞에 옳다면, 이러한 것들은 우리 그리스도인의 내면생활에 아무런 해를 끼칠 수 없다. 오직 죄만이 그렇게 할 수 있다. 옳지 못한 생각을 받아들임으로써 죄를 짓지 않는 이상 우리는 결코 상처받지 않는다. 우리의 육체는 누군가의 타격에 의해 상처를 입을 수 있지만, 우리가 참지 못하여 분노를 터뜨리지 않는 한, 우리는 마음의 상처를 받는 일은 없을 것이다.

이처럼 어려운 경험들을 접했을 때 우리는 과연 어떻게 해야 상처를 입지 않을 수 있을까? 이러한 상황들을 만났을 때, 그리스도가 하셨던 것과 같이 우리도 우리를 부당하게 대하는 사람들을 위해서 사랑으로 대하며 기도해주어야 한다. 원수들이 주님을 향해 잔인하고 농락하는 일을 행했을 때에도 주님의 입에선 험하고 나쁜 말은 한 단어도 나오지 않았다. 오히려 주님은 그들을 위해 기도하셨다. 바울은 공평하지 못한 일과 말할 수 없는 고통을 견뎠지만, 자신의 주인과 마찬가지로, 그는 마음에서 우러나는 진실된 용서를 하였고, 미워하는 사람들을 그리스도께서 주신 사랑으로 대했으며, 자신의 몸은 채찍에 맞아 피를 흘리고 있었지만, 자기 내면의 영혼은 다치지 않을 수 있었다.

자신을 대신해서 싸워 승리하도록 그리스도를 자기 마음 속에 거하시도록 하지 않는다면, 이러한 일을 할 수 있는 그리스도인은 없다. 우리 스스로는 할 수 없지만, 우리 안에 거하시는 그리스도는 하실 수 있다. 성령님은 우리를 학대하는 자들에게 인간의 형편없는 사랑이 아니라 "결코 실패 하지 않을" 그리스도의 순수하고 신성한 사랑을 우리를 통해서 부어주시길 원하신다. 바울은 로마서 5장 5절에서, 이 사랑을 받을 수 있는 유일한 방법을 소개하고 있다.

오, 어려운 문제들이 우리에게 쏟아질 때 우리는 얼마나 하나님의 은혜를 필요로 하는지 모른다! 사랑하는 사람이 중병에 걸렸는가? 그래서 당신의 마음은 질병의 참화 앞에서 속절없는 애를 쓰면서, 그저 무기력하게 사망의 음침한 골짜기 속으로 걸어

들어가고만 있는가? 아니면 저축한 돈이 바닥나고 또 아무 수입도 없는 상태에서 지내고 있는가? 일자리를 구하고자 노력했지만 아직 수입이 없는 상태에서 생활비 때문에 걱정하고 있는가? 아니면 건강이 나빠졌는데 돈은 한 푼도 없고, 가족도 없고, 어찌할 바를 모른 채 있는가? 당신은 연구하고 계획하고 노력했지만 매번 실패하여 절망 속에 신음하면서, 그저 앞날은 캄캄하고, 짐은 무겁고, 길은 불확실한 위기 상태에 이르렀는가? 그렇다면 당신은 하나님이 찾고 있는 사람이며, 하나님이 구조의 손을 내밀기에 적합한 사람이다. 당신의 절박한 필요가 바로 하나님의 도우시는 조건이자 약속인 것이다.

"짐이 무거워질 때
하나님은 더 큰 은혜를 주시고
일이 많아질 때
하나님은 더 강한 힘을 주신다.
고난이 더해질 때 하나님은 긍휼을 더하시고
시련이 늘어날 때 하나님은 평강을 더하신다."

당신의 아내와 자녀가 구원 받지 않아서 염려하는가? 사랑하는 사람이 죄의 향락에 젖어 있거나 아니면 사이비 종교나 이단에 빠져 있는가? 그리스도의 음성에 귀를 기울여보자. "내 은혜가 너에게 족하도다." 그리스도는 당신을 구원하셨다. 마찬가지로 그분께서 당신의 사랑하는 사람들도 구원하실 것을 믿으라.

"당신은 어찌할 바를 모른 채 서있는가?
당신이 사랑하는 사람들을 염려하고,
걱정하고, 기도하고, 지켜보고,
그들이 잘되기만을 빌면서,
그들을 예수님께로 인도하고자 애쓰고 있는가?
당신이 바라는 소원을 들으시고,
주님은 당신이 서 있는 자리에서 속삭이신다.
내가 너를 얻은 것처럼 그들도 얻을 것이라."

비록 지금까지 어둡고, 오랫동안 힘든 상황 가운데 있었다 할지라도, 내일이면 밝아질 것이다. 하나님께서 은혜로 지금 이 순간까지 당신과 함께 해오셨기에, 하나님은 당신을 버리지 않으실 것이며, 끝까지 함께 하실 것이다. 절대로 당신이 감당치 못할 짐을 지는 것을 허락지 않으실 것이다.

"하나님은 날마다 우리에게 필요한 약간의 짐을 지우신다.
우리에게 그토록 많은 짐을 지우시는 법이 없으시다.
따라서 우리 가는 길이 아무 험할지라도
하나님의 능력이 함께 하기에,
우리는 넉넉히 이기며 나아갈 수 있다.

우리는 다만 그 시간의 짐만을 지고 있을 뿐이다."

우리는 한 번에 하루를 살아갈 뿐이다. 만일 우리가 하루의 삶을 위한 하루의 은혜를 얻는 것으로 충분하다는 사실을 깨닫는다면, 우리는 진실로 다음과 같이 말할 수 있다.

"나는 내일을 걱정하지 않을 것이다.
나의 주님이 날마다 나를 돌보신다.
주께서 오늘을 어려움과 슬픔으로 채우실지라도,
주님은 능히 견디고 감당할 은혜를 주신다.
나는 내일을 걱정하지 않을 것이다.
내일의 짐을 어째서 오늘 지고자 하는가?
내일의 은혜와 내일의 힘을 끌어올 수 없을진대,
어째서 내일의 염려를 끌어오고자 하는가?"

축복의 선물을 받지 않아도 가장 기뻐하는 사람에게 축복이 가장 먼저 베풀어질 것으로 나는 생각한다. 축복이 더디 주어지는 것을 걱정하는 사람에게, 축복이 더욱 지연되는 것이 사실이 아닌가? 만약 우리가 선물 자체를 선물을 주는 사람보다 더 생각한다면, 그 축복의 선물은 어쩌면 당신이 진정으로 축복의 선물보다 그 복을 주시는 분을 더욱 필요로 하는 바로 그 순간까지 연기될 수도 있다. 시편 기자는 이렇게 말했다. "주님을 기뻐하라

저가 네 마음의 소원을 이루어 주시리로다."(시 37:4) 우리는 주님을 기뻐하기 보다는 선물 자체를 더 기뻐하는 경향이 있다. 따라서 하나님 은혜의 충분성을 배우는 일은 시련을 통해서라도 배울 가치가 있다.

"내가 힘써 달려야 하는 길이
얼마나 험난할 것인지 나는 모른다.
하지만 그 길이 아무리 험난하고,
그 길이 아무리 굽어있을지라도,
내가 확실히 아는 것은
주님이 '내 은혜가 족하도다.
너와 항상 함께 할 것이다.' 라고 말씀하셨다는 것이다."

4. 다른 사람을 마음으로 공감하게 하기 위하여

"그는 … 모든 위로의 하나님이시며 우리의 모든 환난 중에서 우리를 위로하사 우리로 하여금 하나님께 받는 위로로써 모든 환난 중에 있는 자들을 능히 위로하게 하시는 이시로다 그리스도의 고난이 우리에게 넘친 것같이 우리의 위로도 그리스도로 말미암아 넘치는도다."(고후 1:3-5)

하나님이 우리를 위로하실 때에는 단지 위로만 하시는 것으로 그치는 것이 아니라, 우리로 하여금 위로자가 되게 하신다. 만일 슬픔 가운데 있는 그리스도인 친구가 있는데, 당신이 이렇게 위로한다면 얼마나 큰 위로가 될 것인가? "형제여, 힘을 내시오. 나도 같은 시련을 겪었소. 하나님께서 나를 붙들어주셨듯이, 그대가 하나님을 의지한다면 하나님은 그대도 붙들어주실 것이오."

당신이 시련 가운데 있다면 과연 누구에게 가서 위로를 얻고 싶은가? 아무 근심 걱정도 없는 사람에게로 갈까? 과연 누구에게 가서 조언을 얻고자 하는가? 삶의 고되고 어려움을 전혀 모르는 사람에게로 갈 것인가? 그렇지 않다. 당신은 진정 난관을 극복한 경험이 있는 사람, 고통의 용광로를 통과한 경험이 있는 사람에게로 갈 것이다. 우리 자신이 애절한 마음을 가진 사람에게 위로가 되려면, 그전에 우리 자신의 마음이 그만한 고통을 겪어보아야 한다. 슬픔의 시기에 있는 우리에게 하나님이 주셨던 위로만을 우리는 다른 사람들에게 줄 수 있기 때문이다. 우리가 받지 않은 것을 다른 사람에게 줄 수는 없는 법이다. 우리 마음의 깊은 곳에서 고통과 시련을 통해서 잉태된 말이 다른 사람의 마음을 움직이고, 위안을 줄 수 있다. 우리가 읽는 영감어린 시들은 종종 시인이 고통을 통해서 잉태하고 토해낸 말들인 경우가 많다. 시인이 누군가를 도울 수 있는 시를 쓰려면, 자신이 먼저 깊은 고통을 겪어보아야만 한다. 크리스천 시인들도 자신이 고통을 통해서 배운 것들을 시를 통해서 가르친다. 우리가 그들을 통해서 받은 복은 그들의 고통과 눈물의 산물이다. 당신은 과연 하나님이 보내시는 위로자가 되기 위하여 기꺼이 그 대가를 지불할 용의가 있는가? 다른 사람에게 도움을 주는 일은 비싼 대가를 지불해야 하는 것이지만, 그 가치는 영구적이다.

"다른 사람들, 그렇다. 다른 사람들을 위한 삶.
이것을 나의 모토로 삼으련다.
다른 사람을 위한 삶을 살게 하소서.
이것만이 주님을 닮은 삶을 사는 것이기 때문에."

지난 40년간 그리스도인으로서 나의 신앙의 삶을 돌이켜보면, 한줄기 빛조차도 볼 수 없었던 암흑의 시기였다. 나는 전적으로 하나님께 버림받았다고 느꼈다. 하지만 이제야 나는 하나님께서 그간 나를 붙들어주셨고, 그분의 복된 뜻을 이루고자 내 속에서 역사하셨던 것을 볼 수 있게 되었다. 당신을 깨닫게 하시는 하나님의 역사를 제한하지 말라. 종종 하나님은 당신이 그것을 깨닫지 못할 때에도 당신 속에서 일하신다. 오늘 나는 시련 가운데 있는 사람들을 인하여 하나님을 찬양한다. 왜냐하면 그 시련들이 다른 방법을 통해서는 결코 배울 수 없었던 (하나님을) 신뢰하는 법을 가르쳐주었고, 또한 그 고통들이 아니었다면 내가 결코 할 수 없었던 일, 즉 다른 사람들을 마음으로 공감하는 일을 할 수 있게 해주었기 때문이다. 자아는 잊어버리고, 하나님의 영광과 및 다른 사람들의 선을 위하여 사는 삶이야말로 평안과 능력의 길을 걸어가는 것이다.

5. 그리스도와 함께 다스릴 수 있는 자질을 갖추도록 하기 위하여

"참으면 또한 함께 왕 노릇 할 것이요." (딤후 2:12)

우리가 고통을 당할 때, 하나님은 얼마나 우리와 함께 하고 싶어 하시는지 모른다. 하나님은 장차 세상을 통치하실 때 하나님과 함께 통치하는 일을 하도록 우리를 지금 준비시키는 일을 하신다. "너희는 가만히 있어 내가 하나님 됨을 알지어다." (시 46:10) 가만히 누워있어 하나님께서 당신을 빚으시게 하라. 흙덩이에 불과한 우리가 무엇을 할 수 있으랴?

"주님의 방식대로 행하소서. 주님.
주님은 토기장이, 나는 진흙입니다.
나를 빚으시고, 당신의 뜻대로 만드소서.
나는 기다리고, 복종하며, 가만히 있겠나이다.

주님의 방식대로 행하소서. 주님.
나의 자아는 제거하시고,
오직 주의 영으로 채우소서.
그리스도만이 내 안에 사시는 것을
모든 사람이 볼 수 있을 때까지, 그리하소서."

만일 고통을 통해서 우리 속에 그리스도의 영이 형성된다면, 우리는 더욱 부드러운 사람이 되고 또한 더욱 동정적인 사람이 될 것이다. 고난이 없다면, 우리 마음을 온유하게 하고, 부드럽게 하고, 순수하게 하고, 불순물을 제거해주는 것은 세상에 아주 없다. 오직 고난을 통해서만이 우리의 영성은 다른 사람들을 실제적으로 도울 수 있는 능력을 갖추게 된다. 고난과 시련은 이 세상을 추하게 만들지 않는다. 오히려 고난을 통해서 이 세상 남자와 여자의 영혼들은 불순물이 제거됨으로써 정결하게 되고, 더욱 아름답게 변화된다. 아, 슬픔과 고통이 맺는 이 얼마나 복스러운 열매인가! 이 얼마나 우리 영혼을 풍성하게 하고, 광대하게 해주는 사역인가! 누군가 이런 말을 했다. "슬픔이 없는 인생은 정말 슬픈 인생이다."

으깨진 꽃이 향기를 발산한다. "한 알의 밀이 땅에 떨어져 죽지 아니하면 한 알 그대로 있고 죽으면 많은 열매를 맺게 된다." (요 12:24) 황금빛 이삭으로 물결치는 들녘은 얼마나 아름다운가! 하지만 밀알이 먼저 땅에 떨어져 죽는 일이 있어야 하며, 그 후에야 푸른 싹이 나오고, 그 후에야 풍성한 낟알을 머금은 이삭으로 자라게 된다. 모든 자연 법칙과 인생 경험과 신적 계시가 가르치는 것은, 최종적인 팽창이 있으려면 먼저 현재적인 수축이 있어야 한다는 것이다. 만일 우리가 다음의 시에 담긴 진실을 기억한다면, 팽창하는 힘은 끊임없이 증가할 것이다.

"하나님은 하늘이 항상 파랄 것이라고 약속하지 않으셨고,
우리 삶이 항상 꽃밭 길을 걷는 것 같을 것이라고
약속하지 않으셨다.
하나님은 구름 없는 태양만을 약속하지 않으셨고,
우리 삶 속에 슬픔 없는 기쁨, 고통 없는 평안만을
약속하지 않으셨다.
하지만 하나님은 모든 날 동안 능력을 주실 것을 약속하셨고,
수고한 후에 안식을, 모든 길을 밝히는 빛을,
시련을 견디는 은혜를, 하늘로부터 오는 도움을,
한결같은 지지를, 쇠하지 않는 사랑을 약속하셨다."

머지않아 우리는 우리 삶에 일어난 그처럼 이상해보이고, 그처럼 참기 힘들었던, 그 모든 일들을 이해하게 될 것이다. 그리스도께서 이렇게 말씀하셨다. "나의 하는 것을 네가 이제는 알지 못하나 이후에는 알리라."(요 13:7)

"날줄과 씨줄이

베틀에서 부지런히 움직이는 동안,

하나님이 디자인하신 모양이 나타날 때까지,

왜 이렇게 해야 하는지 그 이유를 설명하지 않으신다.

방직공이신 하나님의 현란한 솜씨로

금실과 은실로 수놓으실 뿐만 아니라,

하나님이 디자인하신 모양이 나타날 때까지

더하여 검은 실로 수놓으실 것이다."

이러한 계획과 그 경이로운 결말이 드러나는 데에는 이 세상의 시간 뿐만 아니라 영원의 시간까지 필요하다. "우리가 그와 함께 영광을 받기 위하여 고난도 함께 받아야 될 것이니라."(롬 8:17) 그리스도는 고난을 받고자 오셨기에, 종은 자기 주인보다 더 나은 것을 기대할 수 없다. 바울은 "그 고난에 참여함"을 알게 해달라고 기도했으며(빌 3:10), 그 이름을 위하여 고난 받는 자로 여김을 받게 된 것을 기뻐했다. 마게도냐 그리스도인들은 "환난의 많은 시련 가운데" 있을 때 오히려 기쁨이 넘쳤다(고후 8:2 참조). 어째서 그런가? 바울과 함께 했던 그들은 그리스도를 위하여 모든 것을 잃어버리는 것을 거룩한 특권으로 여겼으며, 자신들은 곧 그리스도와 함께 하는 영광 속으로 들어갈 것으로 기대했기 때문이다. 베드로는 이렇게 말했다. "너희가 그리스도의 고난에 참여하는 것으로 즐거워하라 이는 그의 영광을 나타내실 때에 너희로 즐거워하고 기뻐하게 하려 함이라."(벧전 4:13) 이 구절은 머지않아 그리스도와 함께 통치하게 될 영광을 바라보도록 우리를 권하고 있다. 지금 그리고 여기서의 시간은 우리가 그리스도와 함께, 그리고 그리스도를 위하여 고난을 받을 수 있는 유일한 시간이자 기회인 것이다.

6. 하나님이 우리를 사랑하시는 증거로서

"주께서 그 사랑하시는 자를 징계하시고 그의 받으시는 아들마다 채찍질하심이니라."(히 12:6)
"무릇 내가 사랑하는 자를 책망하여 징계하노니"(계 3:19)

이 세상 육신의 아버지는 꼭 필요한 때 자기 자녀를 징계하지 않음으로써, 자기 자녀에게 신실하지 않을 수가 있다. 하지만 우리 하늘의 아버지는 우리를 너무나 사랑하시기 때문에, 우리가 최상의 삶을 사는데 필요한 징계를 하지 않으실 수가 없으시다. 이 때 하나님의 사랑은 두 가지 방식으로 작용한다. 첫 번째, 우리를 기도하도록 이끄신다. 두 번째, 위로를 얻도록 우리를 하나님의 말씀으로 이끄신다.

7. 우리로 기도하도록 하기 위하여

"우리에겐 우리가 짊어져야 할 많은 십자가가 필요하다. 왜냐하면 그 십자가는 우리 마음을 하나님께로 인도하고, 기도하도록 이끌어주기 때문이다."

"아무것도 염려하지 말고 오직 모든 일에 기도와 간구로 너희 구할 것을 감사함으로 하나님께 아뢰라 그리하면 모든 지각에 뛰어난 하나님의 평강이 그리스도 예수 안에서 너희 마음과 생각을 지키시리라."(빌 4:6,7)

"만일 우리가 염려하고 있다면, 하나님을 신뢰하고 있지 않은 것이다. 만일 우리가 신뢰하고 있다면, 염려하지 않을 것이다."

아무 것도 염려하지 말고, 모든 일에 기도하라. 하나님은 기도를 염려를 이길 수 있는 방법으로 정하셨다.

"그대의 끈질긴 요구에 대한 응답으로
하늘의 강력한 능력이 임하는 장소가 있다.
고요하면서도, 순복하며, 신뢰하면서, 기다린다면
하나님이 친히 강림하시고,
그대를 대신해서 싸우실 것이다.

그곳이 어디인가?

그대는 그 장소를 아는가?

오, 영혼아.

그곳은 은밀한 기도의 장소이다."

누군가 말했듯이, 우리를 기도하도록 이끌어준 모든 것에 대해서 하나님께 감사하는 것이 마땅하다. 효과적인 기도의 능력은 삶에 뿌리를 내리고 있다. 성령님이 우리 삶을 장악하셨을 때에만, 참으로 그리스도의 이름으로 무엇을 구할 수 있는 능력을 가지게 된다. 따라서 제대로 기도하려면, 그리스도께서 사신 삶을 살아야 한다. 즉 하나님의 뜻을 이루는 삶을 살아야 한다. 믿음으로 드려진 모든 기도는 성령님을 통해서 그리스도의 이름으로 아버지께 전달될 때 응답된다. 그것도 하나님이 정하신 때에 이루어질 것이다. 하나님은 기도가 우리 삶에 능력으로 자리 잡도록 정하셨다. "기도가 다 무슨 소용인가?"라는 사탄의 간교한 생각을 결코 받아들여선 안된다. 하나님은 우리 삶을 사랑과 기도로, 그 실제성을 평가하신다. 만일 하나님께서 우리에게 기도의 삶을 깊게 하시려는 목적으로 시련을 허락하지 않으셨다면, 우리의 신앙은 모양만 갖춘 빈껍데기 신앙으로 전락하게 될 것이다. 하나님의 사랑은 응답을 지체하지 않으며, 우리가 바라는 시간에 정확하게 응답하실 것임을 알고서, 신뢰하며 기다리는 인내가 필요하다.

"기도에 대한 주님의 응답은 절대적으로 완벽했다는 사실이 영원한 세계에서 드러날 것이다. 우리가 떡같이 생긴 돌을 구했을 때에도, 우리의 잘못된 시력으로 돌을 떡인 줄 알고 구했을 때조차도, 주님은 정확하게 떡을 주신 사실이 드러날 것이다."

"우리는 오늘날 상충하는 생각과 두려움으로 우리 영혼을 가득 채운 채로 고통을 당하는 시기에 살고 있다. 사탄은 집요하게 우리를 공격하면서, 우리 영혼 속에 쉼이 없고, 분주한 생각으로 가득하게 하고, 무언가 쫓기듯 행동하는 상태에 빠지게 한다. 그 결과 우리는 고요한 묵상을 하고 기도할 수 있는 시간을 빼앗긴다."

이러한 상황을 보면 우리는 종말의 때와 주님의 오심이 가까운 때에 살고 있다. 성경은 이 두 가지 사건이, 영적으로 어둡고 혼동으로 가득한 시기가 극에 달하면 이루어질 것으로 가르치고 있다. 만일 우리가 우리를 둘러싸고서 옭죄어 오는 죄와 슬픔, 혼돈과 불확실성의 먹이가 되지 않고 또 그러한 압박 가운데서도 두려움에 떨지 않으려면, 우리는 하나님의 말씀을 양식으로 삼고, 기도에 전념하는 법을 배울 필요가 있다. 우리는 하나님의 고요한 임재 속으로 들어가는 법을 배울 필요가 있다.

"잠잠하고 신뢰하여야 힘을 얻을 것이어늘"(사 30:15)

"주께서 사람에게 평강을 주실 때에 누가 감히 요동케 하랴?" (욥 34:29, KJV 참조)

사탄은 자신의 때가 얼마 남지 않은 것을 알고 있기에, 온갖 간교한 속임수를 써서라도 그리스도인을 속이고 넘어뜨리려고 한다. 사탄의 계략에서 벗어나 있는 사람은 없다. 우리의 유일한 안전은 그리스도 안에 거하고 또 그리스도께서 우리 속에 거하시며, 또한 기도로 하나님께 매달리고, 날마다 하나님의 말씀을 양식으로 섭취하며, 성령님의 인도를 전적으로 따르는 것에 달려 있다. 우리를 이처럼 영적으로 어두운 시기를 안전하게 지나게 할 수 있는 다른 방법은 없다.

8. 위안을 얻도록 우리를 하나님의 말씀으로 이끄시기 위하여

"우리로 하여금 인내로 또는 성경의 안위로 소망을 가지게 함이니라." (롬 15:4)

우리 그리스도인들이 깊은 시련을 통과하기 전까지는 우리가 이해하지 못하고, 알 수도 없고, 맛볼 수도 없는 너무나 많은 성경 구절들이 있는데, 그 구절들은 우리를 위로하고 또 격려해주는 하나님의 말씀의 능력을 담고 있다. 실제로 하나님의 말씀은 시련 가운데 있는 그리스도인에게 힘을 주고 또 강하게 해주는 보배로운 약속으로 가득하다. 베드로는 이렇게 말했다. "이로써 그 보배롭고 지극히 큰 약속을 우리에게 주사 이 약속으로 말미암아 너희로 정욕을 인하여 세상에서 썩어질 것을 피하여 신의 성품에 참여하는 자가 되게 하려 하셨으니"(벧후 1:4) 그리고 바울은 이렇게 말했다. "지금 내가 너희를 주와 및 그 은혜의 말씀께 부탁하노니 그 말씀이 너희를 능히 든든히 세우사 거룩케 하심을 입은 모든 자 가운데 기업이 있게 하시리라."(행 20:32)

시련의 시기를 통과하고 있는 하나님의 자녀에겐 이러한 "보배롭고 지극히 큰 약속"이 얼마나 필요한지 모른다. 다윗은 이렇게 말했다. "나의 영혼이 눌림을 인하여 녹사오니 주의 말씀대로 나를 세우소서…이 말씀은 나의 곤란 중에 위로라 주의 말씀이 나를 살리셨음이니이다…나의 고난이 막심하오니 여호와여 주의 말씀대로 나를 소성케 하소서."(시 119:28,50,107)

독자여, 당신은 진정 당신의 영혼이 곤비한 상태에서 다시 살리심을 받곤 하는가? 하나님의 마음과 당신의 마음 사이에 통신망이 연결되어 있어서, 시험의 순간에 당신이 필요로 하는 성경 구절을 하나님은 속히 당신의 마음에 전달하실 수 있는가? 그리스도께서 사탄과 극렬한 싸움을 하실 때, 과연 그리스도는 어떻게 승리를 거두셨을까? 하나님의 말씀을 인용함으로써 승리하셨다. 그리스도께서는 시험받는 그 시간에 자신이 필요로 하는 성경구절을 즉시 인용하시면서, 마귀에게 세 번씩이나 "기록되었으되"라고 말씀하셨다. 만일 하나님의 말씀이 당신 속에 풍성히 거하고 있지 않다면, 성령님은 당신이 시험을 받는 그 시간에 당신을 위로하시고 또 힘을 주시기 위하여 하나님의 말씀을 사용하실 수 없으실 것이다. 하지만 만일 당신의 마음이 하나님의 말씀으로 가득하다면, 당신은 대적의 화살을 즉시 피할 수 있다.

한 자매가 갑작스럽고도 예상하지 못했던 시험에 빠졌다. 그녀는 자신이 무엇을 해야 하는지 혼돈스러워 했다. 그녀는 빨리 부르짖는 기도를 했다. "오, 주님. 여전히 시험이 저의 뇌리에서 떠나지 않고 있습니다. 주님이 바라시는 뜻이 무엇인지 보여주세요." 그때 갑자기 이러한 말씀이 임했다. "너희가 피곤하여 낙심치 않기 위하여 죄인들의 이같이 자기에게 거역한 일을 참으신 자를 생각하라."(히 12:3) 그녀는 그렇게 했다. 30분 정도 그녀는 기도하면서 주님을 묵상했고, 그렇게 하자 그녀의 마음은 고요해지고 차분해졌다. 그때 하나님께서는 그녀에게 그 다음 단계를 알려주셨고, 곧 그녀는 자신이 무엇을 해야 하는지 분명해졌다. 그 일이 있고 나서 한참 후에 그녀는 자신이 옳다고 생각하는 것에서 벗어나려는 유혹을 받았고 또 다시 도움을 구하는 기도를 했다. 그러자 성령님께서는 그녀의 마음 속에 "그가 내 우편에 계시므로 내가 요동치 아니하리로다"(시 16:8)는 말씀을 생각나게 해주셨다. 그러자 그녀는 다시금 확신을 얻었고, 굳게 설 수 있었다. 그녀는 성경구절을 암송하는 일에 많은 시간을 들였고, 성령님은 꼭 필요한 때에 그 상황에 맞는 말씀들을 보내주셨다. 사탄은 언제라도 우리에게 시험의 화살을 날릴 수 있다. 만일 우리가 하나님의 말씀을 무시한다면 우리는 매우 불리한 상황에 처하게 될 것이다. 성경 공부하는 시간을 미리 확보해놓고 성경을 공부하고 있지 않다면, 절박한 순간과 상황에 꼭 맞는 구절을 찾기란 쉽지 않다. 하지만 만일 우리가 평상시 성경을 공부함으로 우리 마음이 하나님의 약속으로 가득해 있다면, 성령님은 그 구절들을 사용해서 우리로 하여금 즉시 상황을 벗어나 승리하도록 하실 것이다.

한 어머니가 고통스러운 일을 겪게 되었다. 그녀는 엄청난 슬픔에 젖어 이성을 잃어버린 것과 같은 상태에 빠졌다. 한 친구가 나에게 함께 가서 위로해줄 수 있느냐고 물었다. 나는 그녀에게 과연 무슨 이야기를 해줄 수 있을까? 나는 한 번도 그런 경험을 해본 적이 없었고, 나에게서 나오는 말은 그런 슬픔을 당하고 있는 사람에겐 조롱거리에 불과할 것이 분명했다. 나는 아무것도 할 것이 없다는 생각에 무기력함을 느꼈지만, 하나님의 말씀을 들려줄 수 있다는 생각에 다소 기쁨을 느꼈다. 왜냐하면 하나님의 말씀은 헛되어 돌아오지 않는다는 사실을 잘 알고 있었기 때문이다. 그래서 그렇게 했다. 그녀의 얼굴은 절망 그 자체였다. 우리는 함께 울었고, 기도했고, 또 함께 하나님의 보배로운 약속의 말씀을 읽었다. 며칠 후에 나는 그녀를 만났는데, 엄청난 변화가 일어난 것을 감지할 수 있었다. 고통으로 그녀를 묶고 옭죄던 줄이 느슨해졌고, 그녀의 얼굴엔 고요한 평안과 안식이 찾아들었다. 그녀는 나의 손을 잡더니 이렇게 말했다. "오, 성경말씀이 애통하는 나의 마음에 얼마나 위안이 되었는지 다 표현할 수가 없네요." 참으로 "하나님의 말씀은 살았고 운동력이" 있었다(히 4:12). 그러므로 그리스도께서 "내가 너희에게 이른 말이 영이요 생명이라"(요 6:63) 그리고 "사람이 떡으로만 살 것이 아니요 하나님의 입으로 나오는 모든 말씀으로 살 것이라"(마 4:4)고 말씀하신 것은 놀랄 일이 아니다. 이제 우리 영혼을 하나님의 말씀으로 채우는 일에 더 많은 시간을 들이도록 하자. 그리하면 넉넉히 이기는 삶을 살 수 있을 정도로 강건해질 것이다. 그렇다면 우리는 아무리 어둡고 극심한 시련 속에서도 아무런 두려움 없이 주님과 동행하는 삶을 살 수 있을 것이다.

> "만일 하나님께서 우리가 빛을 감당할 수 있다고 느끼신다면
> 하나님은 우리에게 어둠을 보내지 않으실 것이다.
> 만일 우리 인생길이 항상 밝고,
> 또 우리가 믿음으로 행하는 데에는 관심이 없고,
> 눈으로 보이는 것으로만 행하고 있다면,

우리는 하나님의 인도하시는 손길을 의지하지 않을 것이다.

그렇다면 하나님은 우리에게 한치 앞도 볼 수 없는

어둠을 보내실 것이며,

일곱 배로 뜨거운 풀무 불에 넣으실 것이다.

이것이 우리를 하나님의 발치 아래 가까이 둘 수 있는

유일한 방법이라고,

나를 믿으라고 말씀하신다.

이는 우리의 삶이 기쁘고 흥겨운 일만 있을 때에는,

항상 게으름과 나태에 빠지기 때문이다."

9. 믿음을 시험하고 연단하기 위하여

"내 형제들아, 너희가 여러 가지 시험에 빠질 때에 그것을 다 기쁨으로 여기라. 너희 믿음의 단련이 인내를 이루는 줄 너희가 아느니라." (약 1:2-3)

"이것은 너희 믿음의 단련이 불로 단련해도 없어지는 금을 단련하는 것보다 훨씬 더 귀하여 예수 그리스도께서 나타나실 때에 칭찬과 존귀와 영광으로 드러나게 하려 함이니라." (벧전 1:7)

"사랑하는 자들아, 너희를 단련하려고 오는 불같은 시련에 관하여는 마치 이상한 일이 너희에게 일어난 것 같이 이상히 여기지 말라." (벧전 4:12)

우리는 물질과 재정과 경제의 시련은 알고 있지만 과연 믿음의 시련은 어떠한가? 마르다와 마리아의 경우가 한 예이다. 남동생 나사로가 죽을병에 걸려 누워있었을 때 그들은 예수님께 사람을 보내어 "주께서 사랑하시는 자가 병들었나이다."라는 말을 전했다. 둘은 예수님이 즉시 오시기를 바랐던 것이다. 주님은 그렇게 하셨는가? 그렇게 하지 않으셨다.

주님은 머물고 계시던 곳에 이틀을 더 머무셨고 나사로를 그대로 죽게 하셨다. 여기서 우리는 일이 지체되고 또 거절과 패배로 보이는 상황에 순종하는 것이 믿음의 시련인 것을 볼 수 있다. 이렇게 시험을 받을 때 우리는 어떻게 해야 하는가?

한 자매가 곤경에 처해 아무런 희망도 볼 수 없었을 때, 다음 말씀을 읽고 큰 위안을 받았다. "너희 중에 여호와를 경외하며 그 종의 목소리를 청종하는 자가 누구뇨 흑암 중에 행하여 빛이 없는 자라도 여호와의 이름을 의뢰하며 자기 하나님께 의지할지어다."(사 50:10) 그 자매는 부르짖었다. "오, 하나님. 내가 당신을 의지하오니, 이 재난들이 지나갈 때까지 주의 날개 그늘 아래 피하나이다." 그녀는 하나님의 뜻에 자신의 영을 굴복시키고 또 하나님께서 자신을 이 상황에서 건지실 때까지 흑암 중에도 하나님을 의지하고 행하기로 결심했다. 이내 하나님의 도우시는 손길이 임했고, 이전에는 한 번도 경험해보지 못했던 방식으로 하나님을 찬송할 수 있었다.

　이제 독자께서도 독자의 필요를 충족시켜줄 수 있는 정확한 약속의 말씀을 찾아보고, 진정 당신이 그 상황에 있는가를 확실히 하라. 그리고 두려운 마음을 떨쳐 버리고, 그 약속의 말씀을 굳게 붙들라. 흔들리지 말고, 마음을 굳게 하라. 아무리 시간이 오래 걸려도, 당신의 기도가 거절당할까, 무시될까, 거부당할까 하는 걱정과 근심일랑 떨쳐버리라. 당신이 처한 상황이 정녕 하나님의 계시된 뜻 아래 있는 것이 확실하다면, 시간이 아무리 오래 걸릴지라도, 당신의 기다림은 헛되지 않을 것이다. 이러한 것이 믿음이 자랄 수 있는 유일한 토양이다. 의심은 약속을 움켜쥔 손을 놓는다. 반면에 믿음은 약속을 더욱 굳게 부여잡는다. 만일 의심하고 흔들린다면 하나님이 의도하신 교훈을 놓치게 되고, 우리는 시험이 의도한 목적에 도달하지 못하게 된다. 만일 우리에게 시련이 없는 것이 최선이라면 하나님의 사랑은 당장에 그 모든 시련을 없애버릴 것이다. 만일 주님께서 우리 안에 있는 가능성을 시험할 만한 가치 있는 것으로 보신다면 우리에게 시련을 보내실 것이며, 우리는 그 시련을 하나님에게서 오는 은혜로 받아들여야 한다. 만일 우리가 열망하는 일시적인 것들이 정녕 우리에게 좋은 것이라면, 주님은 그것들을 우리에게 안겨 주실 것이다.

"우리의 손실은 최고의 이득이다.

시간이 지나면

우리에게서 가져가신 모든 것들을

주님은 더 좋은 것으로 채워주신다."

삶의 모든 짐에서 도피하게 된다면, 우리는 영적 상태를 가장 완벽하게 발전시키는데 꼭 필요한 완전한 준비를 잃게 될 것이며, 하늘의 영광에 합당한 존재가 되고 그로 인해 감사를 드리는데 필수적인 영혼 확장의 기회와 및 영화롭게 되신 그리스도의 임재 가운데 설 수 있는 자격을 갖출 수 있는 기회를 그만큼 잃게 될 것이다. 세상은 "보이는 것을 믿어라"고 말한다. 그리스도께서는 "내 말이 네가 믿으면 … 보리라 하지 아니하였느냐?"고 말씀하신다.

"믿으면, 보게 되는 것은 믿음의 성숙 단계이다. 사실을 확인하고, 믿는 것은 믿음의 초보 단계이다."

믿음을 훈련시키는 것은 믿음을 시험하기 이전 준비 단계이다. 하나님은 창세기 22장에서 혹독한 시험을 허락하시기 이전에 아브라함의 믿음을 훈련시켜 오셨다. 믿음은 내가 어떻게 느끼든 또 내가 무엇을 보든 간에 하나님이 약속하신 것을 이미 주셨음을 담대히 선언한다. 그래서 하나님이 약속하신 것을 나의 삶에서 실현시켜주시는 하나님의 시간이 도래할 때까지 나는 하나님의 말씀을 믿는 믿음에 굳게 서있을 수 있다. 왜냐하면 하나님이 나의 마음에 영감을 불어넣으신 믿음을 훈련해왔기 때문이다.

> "바다에 있는 내 모든 배가
> 돛대와 돛이 망가져 돌아올지라도
> 나는 의심하지 않을 것이다.
> 나에게 좋게 작용하는 것은 보이지 않고,
> 다만 악한 일만 보일지라도
> 나는 절대로 실패하지 않으시는
> 하나님의 손을 믿을 것이다.
> 내 배가 난파되어,
> 가슴을 후비는 슬픔의 눈물을 흘릴지라도,
> 내 마지막 희망마저 산산이 부서져 버릴지라도
> 나는 외칠 것이다.
> '그래도 주님을 신뢰하노라.'
> 슬픔이 비처럼 쏟아지고
> 곤경이 벌집의 벌 떼처럼 득실거릴지라도
> 나는 의심하지 않을 것이다.
> 내가 바라보는 그 정상이
> 오직 괴로움과 고통을 통해서만 도달할 수 있음을

나는 믿을 것이다.
내가 져야할 십자가를 보며 내 마음 떨릴지라도,
더욱 큰 손실을 통하여 더욱 큰 이익을 볼 수 있음을
그래도 나는 믿노라."

하나님의 약속이 실제적인 것이 되어 우리가 힘을 들이지 않고도 그 약속을 따라 행동하려면, 바로 이러한 살아있는 믿음을 우리에게 주시는 성령님의 다시 살리시는 능력이 필요하다. 만일 우리의 노력으로 믿음을 행사해보고자 애쓰고 있다면, 그것은 오히려 믿음을 포기하는 것이 된다. 우리는 친구에게 "나는 너를 믿어보고자 애쓰고 있어"라고 말하지 않는다. 그 말 자체가 "나는 너를 믿지 않아"라고 말하는 셈이기 때문이다. 만일 우리가 친구를 신뢰하려고 노력해야만 한다면, 그것은 그를 신뢰하지 않는다는 증거일 뿐이다. 만일 그 친구의 인격이 온전하다면, 나는 애를 쓰지 않아도 그를 신뢰할 것이다. 하나님의 인격은 어떠한가? 하나님에게 무슨 문제가 있을까? 하나님의 말씀이 실패하고, 또 하나님의 사랑이 거짓으로 드러난 적이 있는가? 오, 우리의 마음은 다음과 같이 빨리 반응해야 할 것이다.

"이 땅에서나 하늘 저 위에나
하나님의 사랑을 넘어서는 것은 없다.
흘러가는 시간이 악하게 보일지라도

사랑이 모든 것을 다스린다."

수년간 크게 부유했던 한 헌신적인 그리스도인이 부와 건강을 하루아침에 모두 잃었다. 한 친구가 물었다. "너는 어떻게 그렇게 평온하고 승리하는 삶을 살 수 있는가?" 그는 이러한 말로 대답했다.

"부드럽고 달콤한 여름은 푸근하고
모든 가지에 만개한 꽃들은 너무나 눈부시다.
이 꽃들이 아름다움을 뽐낼 때 나는 그분을 믿었고,
지금도 여전히 그분을 믿는다.

나의 믿음 너무도 작고,
지금 그 꽃들이 만개함을 멈추고 시들어가듯,
나의 믿음도 시들어만 간다.
인생의 폭풍이 몰아칠 때.
그분의 사랑을 의심하고,
그분을 향한 신뢰마저 흔들리는구나.
그래도 여전히 그분을 믿는다."

"믿음은 우리를 향한 하나님의 약속에 의지하고 서있기에, 보이지 않는 것을 바라보고 또 보이지 않는 하나님을 보는 것처럼 견디며, 그 밖에 모든 것은 외면한다. 그러한 믿음은 반드시 보상을 받는다."

"빛 가운데 있든, 아니면 어둠 가운데 있든
하나님의 뜻을 행하고,
믿음의 결과는 오직 예수님께 맡기라."

결론 : 시련에 대한 우리의 태도

이제 중요한 것은 어떻게 시련에서 빠져 나오는가에 있지 않고, 과연 나는 그 시련을 통해서 어떻게 하나님께 영광을 돌릴 수 있는가에 있다. 어려움과 시련을 만나면, 하나님을 신뢰하면서 잠잠히 하나님을 바라보고 계속해서 믿음으로 행함으로써 하나님의 은혜를 높일 수 있는 기회로 여기라. 시련 가운데 하나님을 잘못 나타내지 않도록 은혜를 구하고, 하나님이 우리에게 허락하신 모든 것들에 기쁜 마음으로 순복하라. 그리스도인 인격의 온전함은 자신의 의지력을 확대하는 것에 있지 않고, 다만 하나님의 뜻에 순복하고 또 그 뜻에 온전히 나를 일치시키는데 있다. 물론 의지가 없는 사람은 정상이 아닐 것이다. 하지만 하나님의 뜻과 상관없이 그저 자신의 주관적인 의지가 강한 사람은 비극적인 결말에 이를 수 밖에 없다. 하나님은 자신의 자녀들이 그리스도인으로서 성숙에 이르기를 간절히 바라시며, 복종과 믿음에 의해서 뿐만 아니라 자신의 선택에 의해서도 하나님의 뜻에 온전히 일치를 이루고, 그렇게 함으로써 그리스도와 같이 "나의 하나님이여 내가 주의 뜻 행하기를 즐기오니 주의 법이 나의 심중에 있나이다"(시 40:8)라고 외칠 수 있기를 바라신다. 그러한 신앙을 우리 자신의 영성으로 삼자.

그리스도께서 이렇게 말씀하셨다고 상상해보자. "괴롭지만 주의 뜻을 감수해볼 것입니다." 여기서 "감수"라는 단어는 우리가 다른 일을 하기엔 무력하기 때문에 하나님의 뜻을 마지못해 복종해야만 하는 일종의 간섭처럼 생각된다. 그래서 무언가 하나님을 위하여 감수하는 신앙에는 후회의 한숨이 서려 있다. 하나님의 뜻은 완벽하다. 오, 우리가 그 복됨을 알고, 그 중심에 뿌리를 내리고 살아가는 것의 안전함과 그 기쁨에 눈뜰 수 있기를. 우리는 사람이기 때문에, 비록 마음에는 불평이 없을지라도 고통의 눈물을 흘릴 순 있다. 상실과 고통이 우리의 눈물을 자아내긴 해도, 그 때문에 우리 신앙의 저 밑바닥에서 솟아나오는 기쁨의 물결을 막을 순 없다. 왜냐하면 이제 하나님의 뜻이 이루어지는 것이 가장 중요한 갈망이 되었고, 그것이 우리 존재의 참된 중심이 되었기 때문이다. 그러한 것이 그리스도의 마음 속 깊은 곳에 있었던 것이다. 그리스도에게 있어서 모든 문제는 자신을 향한 하나님의 뜻이라는 기준을 통해서 해결되었다. 항상 자발적

인 순종이 흘러넘쳤다. "나의 원대로 마옵시고 아버지의 원대로 하옵소서."(마 26:39)

사도 바울도 동일한 보조로 행하면서 이렇게 즐거이 외쳤다. "내가 아니요 오직 그리스도라." 우리도 그렇게 할 때, 시련 중에서도 크게 기뻐할 수 있으며 또한 다음과 같이 말할 수 있다. "주님. 이 시련이 당신의 영광을 위하고 또 나의 잘됨을 위한 것이라면, 그것이 제가 바라는 것입니다. 주 뜻대로 하옵소서." 우리가 시련으로 인해 하나님을 찬송하기 시작할 때, 그 시련은 우리에게 복이 된다. 다음 번 당신이 괴로운 경험을 겪게 된다면, "이것 또한 지나가리라."고 스스로에게 다짐해보라. 하나님께서 만일 당신에게 시련을 겪게끔 허락하셨다면, 하나님은 당신을 그 시련에서 건져주실 것이다. 하나님이 건져주시는 시간을 기다리는 동안, 당신의 영혼은 평안함을 누릴 것이며 또한 당신은 하나님의 임재를 점진적으로 느끼게 될 것이다. 구원받지 않은 사람도 시련을 참고 견뎌야 하지만, 억지로 감수해야 하기 때문에 분노와 화를 억누를 수밖에 없다. 성령으로 충만한 사람은 그렇지 않다. 대부분 시련들이 그러하듯, 자신의 어리석음과 실수로 인한 결과이긴 해도 영적인 사람은 하나님의 은혜로 시련 중에도 기뻐하며, 시련 속에서도 감미로움을 느낀다. 바로 여기에 육신적인 그리스도인이 겪는 커다란 위험이 있다. 그는 어쩌면 겉으로는 불평하지 않고 차분함을 유지할 순 있어도, 내심 속으로는 하나님을 향해 반역적인 생각을 키운다. 만일 그렇다면 그에게 시련은 결코 "의의 평강한 열매"(히 12:11)를 맺게 해주지 않을 것이다.

"지치고 피곤한 마음이 있는가?
고통을 기뻐하라.
비가 온 뒤에 꽃이 피듯이,
슬픔 속에서 가장 달콤한 것이 자라난다.
하나님은 지켜보시며,
구름이 그 소임을 마쳤을 때
당신에게 해를 주실 것이다."

"강함은 기쁨 속에서가 아니라, 고통을 겪는 마음 속 깊은 침묵에서 태어난다."

이제 잠잠히 하나님께서 당신의 불안해하는 마음을 고요하게 하는 일을 하시게 하라. 하나님만이 그 일을 하실 수 있다. 당신은 진정 그것을 바라는가?

"어떻게 내 마음을 고요하게 할 것인가?
어떻게 내 마음을 잠잠하게 할 것인가?
좋은 소식이든 나쁜 소식이든 마주할 때,

어떻게 내 마음의 요동을 잠재울 수 있을까?
어떻게 자족(自足)과 평안과 안식으로
내 마음을 채울까?
내 괴로운 심정을
무엇으로 감미롭게 할까?

하나님의 영께서
고요히, 부드럽게, 온유하게, 그리고 사려 깊게 일하시니,
하나님의 시간에 그분의 전능하심과 영광스러운 뜻이
나타나리라.
세상을 하나님의 발 앞으로 인도하시리라.
나의 요동치는 마음 같은,
모든 사소한 것들까지 다스리시며,
고요하고 신성한 평안 안에서,
하나님은 우리를 그 포근한 날개 아래 보호하신다.

그래서 나의 마음은 잠잠하게 되고,
그래서 나의 마음은 고요함을 유지하며,
그래서 좋은 소식이든 나쁜 소식이든 마주할 때,
나의 마음은 요동치는 것을 멈추게 된다.

그리하여 깊고 넓은 평온 가운데서

내 영혼은 잠잠하게 된다.
그리하여 하나님의 끝없는 그 고요함 속에서
내 영혼은 하나님의 보이지 않는 섭리를 환영하게 된다."

이러한 삶은 심고 거두는 원리에 기초하고 있다. 여기 이 세상에서 우리 자신의 것으로 삼은 것은 장차 영원한 세계에서 우리의 소유가 될 모든 것들의 씨앗이 된다. 그러므로 우리는 조용히, 참을성 있게 인내하면서, 하나님을 의지하는 내적인 믿음의 자세를 나타내야 한다. 참는 것이 하나라면, 다른 하나는 인내 가운데 오래 참는 것이다. "저가 이같이 오래 참아 약속을 받았느니라."(히 6:15) 구약 성도들은 "보이지 아니하는 자를 보는 것같이 하여 참았다."(히 11:27) 그리스도께서도 그렇게 하셨고, 사도들도, 모든 시대의 그리스도인들도 그리했다. 만일 기쁨과 평안과 능력으로 가득한 삶을 살기 원한다면, 우리 또한 반드시 그리해야 한다. 그리스도께서는 결코 실패하지 않으셨다. 그분은 절대적으로 완벽하신 분이시다. 우리가 그분을 신뢰하기로 결정했다면, 우리는 가장 견고한 터 위에 서있을 뿐만 아니라 가장 안전한 곳에 닻을 내리고 있기 때문에, 무엇이든 올 테면 오라는 굳은 믿음 위에 서자. 우리가 그리스도를 신뢰하고 순종하는 한, 아무리 어렵고 고통스러운 상황 가운데서도 그리스도께서는 우리를 책임지고 돌보실 것이며, 그 어떠한 시련도 우리를 넘어 뜨릴 수 없을 것이다. 우리는 잠잠하고 두려움이 없이 이 모든 시련을 넉넉히 이기며 통과하게 될 것이다. 하나님께서 이렇게 하시는 이유는 우리로 하여금 '이 모든 일에 우리를 사랑하시고 또 우리를 구속하시기 위해서 죽으셨다가 다시 살아나신 이로 말미암아 넉넉히 이기는 자들' 이 되도록 하기 위한 것이다.

"그리스도인들이여, 수고와 곤경은 잠시 뿐,
모든 수고와 어려움은 곧 그치게 될 것이다.
그리고 애통함과 슬픔 대신,
경이로운 평안이 있을 것이다.

구세주께서 그대를 본향으로 데리고 가기 위해 오신다.
그분은 지금 그대의 집을 예비하고 계신다.
시련들이 그대를 괴롭게 할 때,
오! 이렇게 외치라.
'이건 단지 주님이 오실 때까지만 있을 뿐이다.'"

형제들의 집 도서 안내

1. 조지 뮐러 영성의 비밀
   조지 뮐러 지음/이종수 옮김/값 1,000원
2. 수백만을 감동시킨 사람을 감동시킨 바로 그 사람: 헨리 무어하우스
   존 A. 비올리 지음/이종수 옮김/값 1,000원
3. 내 영혼의 만족의 노래
   W.T.P 월스톤 지음/이종수 옮김/값 1,000원
4. 모든 일을 하나님의 영광을 위하여 하라
   해리 아이언사이드 지음/이종수 옮김/값 1,000원
5. 잃어버린 영혼을 위해서 어떻게 기도해야 하는가
   오스왈드 샌더스, 찰스 스펄전 지음/이종수 옮김/값 1,000원
6. 윌리암 켈리의 로마서 복음의 진수
   윌리암 켈리 지음/이종수 옮김/값 5,000원
7. 이것이 거듭남이다[개정판]
   알프레드 깁스 지음/이종수 옮김/값 9,000원
8. 존 넬슨 다비의 영성있는 복음
   존 넬슨 다비 지음/이종수 옮김/값 5,000원
9. 로버트 클리버 채프만의 사랑의 영성
   로버트 C. 채프만 지음/이종수 옮김/값 5,000원
10. 영성을 깊게 하는 레위기 묵상
    C.H. 매킨토시 외 지음/이종수 옮김/값 5,000원
11. 존 넬슨 다비의 성경주석: 빌립보서
    존 넬슨 다비 지음/이종수 옮김/값 5,000원
12. 존 넬슨 다비의 히브리서 묵상
    존 넬슨 다비 지음/정병은 옮김/값 9,000원
13. 조지 커팅의 영적 자유
    조지 커팅 지음/이종수 옮김/값 4,000원
14. 윌리암 켈리의 해방의 체험
    윌리암 켈리 지음/이종수 옮김/값 3,000원
15. 존 넬슨 다비의 성경주석: 골로새서
    존 넬슨 다비 지음/이종수 옮김/값 7,000원
16. 구원 얻는 기도
    이종수 지음/값 5,000원
17. 영혼의 성화
    프랭크 빈포드 호올 지음/이종수 옮김/값 1,000원
18. 당신은 진짜 거듭났는가?
    아더 핑크 지음/박선희 옮김/값 4,500원
19. C.H. 매킨토시의 완전한 구원
    C.H. 매킨토시 지음/이종수 옮김/값 4,600원

20. 존 넬슨 다비의 하나님의 뜻을 분별하는 법
　　　　　　　　　　　　　　존 넬슨 다비 지음/이종수 옮김/값 1,000원
21. 존 넬슨 다비의 성경주석: 요한계시록
　　　　　　　　　　　　　　존 넬슨 다비 지음/이종수 옮김/값 10,000원
22. 주 안에 거하라
　　　　　　　　해밀턴 스미스, 허드슨 테일러 지음/이종수 옮김/ 값 1,000원
23. C.H. 매킨토시의 하나님의 선물
　　　　　　　　　　　　　　C.H. 매킨토시 지음/이종수 옮김/값 4,000원
24. 존 넬슨 다비의 성경주석: 에베소서
　　　　　　　　　　　　　　존 넬슨 다비 지음/이종수 옮김/값 8,000원
25. 존 넬슨 다비의 영적 해방
　　　　　　　　　　　　　　존 넬슨 다비 지음/문영권 옮김/값 7,000원
26. 건강하고 행복한 그리스도인이 되는 법
　　　　　　　　　어거스트 반 린, J. 드와이트 펜테코스트지음/ 값 1,000원
27. 존 넬슨 다비의 성경주석: 로마서
　　　　　　　　　　　　　　존 넬슨 다비 지음/문영권 옮김/값 12,000원
28. 존 넬슨 다비의 성화의 길
　　　　　　　　　　　　　　존 넬슨 다비 지음/이종수 옮김/값 4,500원
29. 기독교 신앙에 회의적인 사랑하는 나의 친구에게
　　　　　　　　　　　　　　로버트 A. 래이드로 지음/박선희 옮김/값 5,000원
30. 이수원 선교사 이야기
　　　　　　　　　　　　　더글라스 나이스웬더 지음/이종수 옮김/값 5,000원
31. 체험을 위한 성령의 내주, 그리고 충만
　　　　　　　　　　　　　　조지 커팅 지음/이종수 옮김/값 4,500원
32. 존 넬슨 다비의 성경주석: 갈라디아서
　　　　　　　　　　　　　　존 넬슨 다비 지음/이종수 옮김/값 4,800원
33. 존 넬슨 다비의 성경주석: 요한서신서·유다서
　　　　　　　　　　　　　　존 넬슨 다비 지음/문영권 옮김/값 8,000원
34. 존 넬슨 다비의 성경주석: 데살로니가전·후서
　　　　　　　　　　　　　　존 넬슨 다비 지음/이종수 옮김/값 8,000원
35. 그리스도와의 연합과 구원(성경공부교재)
　　　　　　　　　　　　　　　　　　　　　문영권 지음/값 2,500원
36. 그리스도와의 연합과 성화(성경공부교재)
　　　　　　　　　　　　　　　　　　　　　문영권 지음/값 3,000원
37. 사도라 불린 영적 거장들
　　　　　　　　　　　　　　　　　　　　　이종수 지음/값 7,000원
38. 당신은 진짜 하나님을 신뢰하는가
　　　　　　　　　　　　　조지 뮬러 지음/ 이종수 옮김/값 4,500원

39. 그리스도와 연합된 천상적 교회가 가진 영광스러운 교회의 소망
존 넬슨 다비 지음/ 문영권 옮김/ 값 13,000원
40. 가나안 영적 전쟁과 하나님의 전신갑주
존 넬슨 다비 지음/ 이종수 옮김/ 값 2,000원
41. 죄 사함, 칭의 그리고 성화의 진리
고든 헨리 해이호우 지음/ 이종수 옮김/ 값 2,000원
42. 하나님을 찾는 지성인, 이것이 궁금하다!
김종만 지음/ 값 10,000원
43. 이것이 그리스도의 심판대이다
이종수 엮음/ 값 8,000원
44. 존 넬슨 다비의 성경주석: 마태복음
존 넬슨 다비 지음/이종수 옮김/값 16,000원
45. C.H. 매킨토시의 하나님에 관한 진실
C.H. 매킨토시 지음/이종수 옮김/값 1,000원
46. 존 넬슨 다비의 성경주석: 여호수아
존 넬슨 다비 지음/문영권 옮김/값 8,000원
47. 찰스 스탠리의 당신의 남편은 누구인가
찰스 스탠리 지음/이종수 옮김/ 값 4,000원
48. 존 넬슨 다비의 성령론
존 넬슨 다비 지음/이종수 옮김/값 13,000원
49. 존 넬슨 다비의 영적 해방의 실제
존 넬슨 다비 지음/이종수 옮김/값 5,000원
50. 존 넬슨 다비의 주요사상연구: 다비와 친구되기
문영권 지음/값 5,000원
51. 존 넬슨 다비의 죽음 이후 영혼의 상태
존 넬슨 다비 지음/이종수 옮김/값 5,000원
52. 신학자 존 넬슨 다비 평전
이종수 지음/ 값 7,000원
53. 존 넬슨 다비의 요한복음 묵상
존 넬슨 다비 지음/이종수 옮김/값 8,000원
54. 프레드릭 W. 그랜트의 영적 해방이란 무엇인가
프레드릭 W. 그랜트 지음/이종수 옮김/값 4,500원
55. 홍해와 요단강을 통해서 나타난 하나님의 구원
윌리암 켈리 지음/ 이종수 옮김/ 값 4,800원
56. 그리스도와의 연합을 위한 성령의 역사
윌리암 켈리 지음/ 이종수 옮김/ 값 19,000원
57. 누가, 그리스도인인가?
시드니 롱 제이콥 지음/ 박영민 옮김/ 값 7,000원

58. 선교사가 결코 쓰지 않은 편지
  프레드릭 L. 코신 지음 / 이종수 옮김/ 값 9,000원
59. 사랑의 영성으로 성자의 삶을 살다간 로버트 채프만
  프랭크 홈즈 지음 / 이종수 옮김/ 값 8,500원
60. 므비보셋, 룻, 그리고 욥 이야기
  찰스 스탠리 지음 / 이종수 옮김/ 값 7,500원
61. 구원의 근본 진리
  에드워드 데넷 지음 / 이종수 옮김/ 값 6,500원
62. 회복된 진리, 6+1
  에드워드 데넷 지음 / 이종수 옮김/ 값 6,000원
63. 당신의 상상보다 더 큰 구원
  프랭크 빈포드 호올 지음 / 이종수 옮김/ 값 6,500원
64. 뿌리 깊은 영성의 그리스도인으로 사는 법
  찰스 앤드류 코우츠 지음 / 이종수 옮김/ 값 9,000원
65. 천국의 비밀 : 천국, 하나님 나라, 그리고 교회의 차이
  프레드릭 W. 그랜트 & 아달펠트 P. 세실 지음/이종수 옮김/ 값 7,000원
66. 존 넬슨 다비의 성경주석: 베드로전·후서
  존 넬슨 다비 지음/장세학 옮김/ 값 7,500원
67. 존 넬슨 다비의 영광스러운 구원
  존 넬슨 다비 지음/이종수 엮음/ 값 15,000원
68. 어린양의 신부
  W.T.P. 월스톤 & 해밀턴 스미스 지음/ 박선희 옮김/ 값 10,000원
69. 성경에서 말하는 회심
  C.H. 매킨토시 지음 / 이종수 옮김/ 값 6,000원
70. 십자가에서 천년통치에 이르는 그리스도의 길
  존 R. 칼드웰 지음 / 이종수 옮김/ 값 7,500원
71. 그리스도와의 연합이란 무엇인가?
  에드워드 데넷 지음 / 이종수 옮김/ 값 9,000원
72. 하늘의 부르심 vs. 교회의 부르심
  존 기포드 벨렛 지음/ 이종수 옮김/ 값 16,000원
73. 당신은 진짜 새로운 피조물인가
  존 넬슨 다비 외 지음/ 이종수 옮김/ 값 12,000원
74. 플리머스 형제단 이야기
  앤드류 밀러 지음/ 이종수 옮김/ 값 14,000원
75. 바울의 복음, 그리스도의 영광의 복음
  존 기포드 벨렛 지음/ 이종수 옮김/ 값 9,000원
76. 악과 고통, 그리고 시련의 문제
  이종수 지음/ 값 9,000원

제2의 종교개혁 '형제운동', 교회 역사상 빌라델비아(형제사랑)교회 시대를 열었던

플리머스 형제단의 영성을
책으로 만난다!

"오, 아무 것도 소유하지 않고,
아무 것도 되지 않고,
아무 것도 보지 않고,
오직 영광 중에 살아계신 그리스도만을 보며,
그리스도께서 이 땅을 향해 관심하신 것만을 관심하는 기쁨이여!"
- 존 넬슨 다비

존 넬슨 다비
(John Nelson Darby, 1800-1882)

"그리스도를 전파하는 사람은 많지만
그리스도를 살아내는 사람은 많지 않다.
내 생애 큰 목표는 그리스도로 사는 것이다."
- 로버트 채프만

로버트 채프만
(Robert C. Chapman, 1803-19

"나에게는 내가 죽은 날이 있었다. 그 날은 바로 조지 뮬러가,
자신의 의견, 선호, 취향, 의지에 대해 죽은 날이요,
세상과 세상의 인정 혹은 비난에 대해서 죽은 날이다.
나는 심지어 나의 형제들 혹은 친구들의 인정과 비난에 대해서도
죽었다. 그때로부터 나는 오직 하나님께 인정받는 일꾼으로만
드러나도록 힘썼다."
- 조지 뮬러

거듭남, 영적 해방, 그리스도와의 연합의 진리를 펴내는
형제들의

조지 뮬러
(George Muller, 1806-1898)

홈페이지 http://www.brethrenhouse.co.
다음. 카페 http://cafe.daum.net/BrethrenHou

평생 후원 & 평생 회원 모집

제 2의 종교개혁으로 불린 "형제단 운동", 교회 역사상 빌라델비아(형제사랑) 교회 시대를 열었던 플리머스 형제단의 영성을 고스란히 담아 출판해온 형제들의 집에서 평생 후원 및 평생 회원을 모집합니다.

플리머스 형제단의 저서들은 성경에 계시된 칭의, 성화, 영화의 진리가 우리 삶에 깊이 역사하게끔 해줌으로써, 이 시대를 변화시킬 영적 역량과 영성을 가진 하나님의 사람으로 변화시켜주는 힘이 있습니다. 뿐만 아니라 진정으로 거듭난 모든 사람들의 바램인 성화의 삶을 가능케 해주는 원동력으로써, 영적 해방과 그리스도와의 연합의 진리를 경험적으로 알도록 이끌어줍니다.

앞으로 존 넬슨 다비, 윌리엄 켈리, 찰스 매킨토시, 존 기포드 벨렛, 찰스 스탠리, 해밀턴 스미스, 앤드류 밀러 등 영적 거장들의 저자들 가운데 최고의 작품은 모두 출판하고자 하며, 이 사역을 완주할 수 있도록 기도와 후원을 부탁드립니다.

- 향후 출판 계획-

1. 요한계시록 일곱 교회에 대한 예언적 메시지. 존 넬슨 다비.
2. 내게 사는 것이 그리스도니. 존 넬슨 다비.
3. 바울의 에베소서 기도. 존 넬슨 다비.
4. 마태복음의 진수. 존 넬슨 다비.
5. 영광스러운 교회. 존 넬슨 다비.
6. 존 넬슨 다비 성경주석시리즈 - 고린도전후서. 존 넬슨 다비.
7. 존 넬슨 다비 성경주석시리즈 - 디모데전후서. 존 넬슨 다비.
8. 존 넬슨 다비 성경주석시리즈 - 다니엘서. 존 넬슨 다비.
9. 찰스 매킨토시 전기
10. 윌리엄 켈리 전기
11. 존 넬슨 다비 전기
12. 존 넬슨 다비의 새번역 성경 등

후원 방법 및 회원 특전

1. **정회원 :** 매월 1만원 이상 자동이체 후원자
2. **정회원 특전 :**
   1) 신간 나올 때마다 자동 우편 발송
   2) 존 넬슨 다비 주석 11권 무료 증정
   3) 영적 해방 및 그리스도와의 연합 세미나 참석
3. **후원 방법 :**
   1) 본인이 은행에 가서 자동이체 신청
   2) 인터넷 뱅킹(또는 스마트 뱅킹)을 통해서 자동이체 신청
   3) 1회분 입금 확인후 다비주석 11권 발송

4. **후원 계좌 및 자동이체 계좌 :**
국민은행 356-21-0238-433 예금주 : 이종수
우리은행 1002-035-797890 예금주 : 이종수
농협 369-02-132172 예금주 : 이종수

다비신학연구원 등록 안내

1. 설립 취지
19세기 일어난 제2의 종교개혁으로 불린 형제단 운동의 신학의 초석을 놓았던 신학자 존 넬슨 다비(John Nelson Darby)의 신학을 연구, 보급함으로써 그리스도와의 연합을 통해서 하늘에 속한 영성을 갖춘 그리스도인으로 육성하는 복음주의 기독교 신학연구원이다.

2. 교육방향
(1) 본 신학연구원은 하나님의 영원하신 경륜 가운데 하나님의 구원을 이루고 있는 진리의 네 기둥을 중심으로 교육함으로써, 가장 성서적인 의미에서의 하나님 나라를 건설하고 또한 그리스도의 몸 안에서 사역하는 역량을 갖춘 철저한 그리스도인을 육성하는 교육 기관이다.

(2) 여기서 진리의 네 기둥이라 함은, 신구약 성경에서 계시하고 있는 구원론을 이루는 거듭남, 죄 사함, 영적 해방, 그리고 그리스도와의 연합의 진리를 의미한다. 이 네 가지 기둥 가운데 하나라도 부실하게 되면, 성경에서 말하는 진정한 그리스도인의 삶을 살 수 없을뿐더러, 나약한 영성에 몸부

림치며 살아갈 수 밖에 없다. 그로 인해 나타나는 현상은 무법주의(고린도전후서), 율법주의(갈라디아서), 영지주의/신비주의/금욕주의/천사숭배주의(골로새서), 자포자기주의(로마서) 등에 빠지는 것이다.

(3) 신구약성경에서 계시하고 있는 구원론은 진리의 네 기둥에 기초하고 있으며, 이러한 구원론은 가장 성서적인 신론, 그리스도론, 성령론, 교회론, 종말론의 뼈대를 이룬다.

(4) 학과는 모두 네 가지로 구성되며, 이 네 가지 학과를 학습하게 되면, 가장 성서적인 구원론, 신론, 그리스도론, 성령론, 교회론, 종말론을 두루 학습하는 효과를 거둘 수 있다.

자세한 내용은 네이버 카페 공지 참조바랍니다. 네이버에서 "다비신학연구원"을 검색하세요.

영적 해방과 그리스도와의 연합 세미나

주제: 영적 해방과 그리스도와의 연합의 진리를 어떻게 경험하는가?
장소: 강남역, 스터디 블룸
시간: 매주 월요일 저녁 7시-9시
자격: 정회원 이상
문의: 010-9317-9103

거듭남, 죄사함, 영적해방,
그리고 그리스도와의 연합의 진리의 보고(寶庫)

형제들의집

대표전화 010-9317-9103, FAX (02) 2215-9583
E-mail: asharp@empas.com
홈페이지: brethrenhouse.co.kr
카페: cafe.daum.net/brethrenhouse
다비신학연구원: cafe.naver.com/darbytheologyinst

형제들의집에서 출간된
영적 해방과 그리스도와의 연합을 다룬 책

시드니 롱 제이콥, 누가, 그리스도인인가?, 값 7,000원
에드워드 데닛, 구원의 근본 진리, 값 6,500원
──────, 회복된 진리, 6+1, 값 6,000원
──────, 그리스도와의 연합이란 무엇인가?, 값 9,000원
앤드류 밀러, 플리머스 형제단 이야기, 값 14,000원
윌리암 켈리, 윌리암 켈리의 해방의 체험, 값 3,000원
──────, 홍해와 요단강을 통해서 나타난 하나님의 구원, 값 4,800원
──────, 그리스도와의 연합을 위한 성령의 역사, 값 19,000원
이종수, 사도라 불린 영적 거장들, 값 7,000원
──────, 신학자 존 넬슨 다비 평전, 값 7,000원
조지 커팅, 영적 자유, 값 4,000원
존 기포드 벨렛, 하늘의 부르심 vs. 교회의 부르심, 값 16,000원
──────, 바울의 복음, 그리스도의 영광의 복음, 값 9,000원
존 넬슨 다비, 존 넬슨 다비의 영적 해방, 값 7,000원
──────, 존 넬슨 다비의 성화의 길, 값 4,500원
──────, 가나안 영적 전쟁과 하나님의 전신갑주, 값 2,000원
──────, 존 넬슨 다비의 성령론, 값 13,000원
──────, 존 넬슨 다비의 영광스러운 구원, 값 15,000원
──────, 존 넬슨 다비의 영적 해방의 실제, 값 5,000원
──────, 존 넬슨 다비의 요한복음 묵상, 값 8,000원
──────, 당신은 진짜 새로운 피조물인가, 값 12,000원
존 R. 칼드웰, 십자가에서 천년통치에 이르는 그리스도의 길, 값 7,500원
찰스 앤드류 코우츠, 뿌리 깊은 영성의 그리스도인으로 사는 법, 값 9,000원
찰스 스탠리, 찰스 스탠리의 당신의 남편은 누구인가, 값 4,000원
──────, 므비보셋, 룻, 그리고 욥 이야기, 값 7,500원
찰스 매킨토시, C.H. 매킨토시의 완전한 구원, 값 4,600원
프레드릭 W. 그랜트, 프레드릭 W. 그랜트의 영적 해방이란 무엇인가, 값 4,500원
프랭크 빈포드 호올, 당신의 상상보다 더 큰 구원, 값 6,500원
프레드릭 W. 그랜트 & 아달펠트 P. 세실, 천국의 비밀 : 천국, 하나님 나라, 그리고 교회의 차이, 값 7,000원
W.T.P. 월스톤 & 해밀턴 스미스, 어린양의 신부, 값 10,000원

Korean translation copyright
ⓒ 2015 by Brethren House, Korea
All rights reserved

악과 고통, 그리고 시련의 문제
ⓒ 형제들의 집 2015

초판 발행 • 2015.11.11
지은이 • 이 종 수
발행처 • 형제들의집
판권ⓒ형제들의집 2015
등록 제 7-313호(2006.2.6)
Cell. 010-9317-9103
홈페이지 http://brethrenhouse.co.kr
카페 cafe.daum.net/BrethrenHouse
ISBN 978-89-93141-76-4 03230

﹡값은 뒤표지에 있습니다.
﹡잘못된 책은 바꿔드립니다.
﹡서점공급처는 〈생명의말씀사〉 입니다. 전화(02) 3159-7979(영업부)